不管你来不来我都不会等

Whether you come or not, I will not wait

文屹 作品

人民日报出版社

目录

CONTENTS

001
一个人的努力,永远也没办法决定两个人的关系

018
留得住的不需用力,留不住的不需费力

029
不要让失败的婚姻阻碍你前进的道路

042
爱情如火锅,和我热辣辣地爱吧

051
在婚姻里再找一次爱情

069
傻傻的姑娘运气好

085
有些事情回不了头,那就挺直胸膛往前走

101
从此以后,我们成了最熟悉的陌生人

110
让自己更强,赢得别人无话可说

121
美食需要细品,感情更需细水长流

130
白莲花和南瓜花的爱情观

146
情如饮酒,半酣最好

155
如果爱情也能做筹码

166
爱一个人最好的方式,就是经营好自己

181
我的努力,是为了给你幸福和未来

196
刺激只是一时,平淡却是一世

211
愿你想要的都拥有,得不到的都释怀

220
爱如小面,五味俱全

一个人的努力，永远也没办法决定两个人的关系

1

蒋美涵自从离了婚，活得像花儿一样。她不但把自己的公司经营得有声有色，还把两个孩子照顾得白白胖胖、懂事有礼。不工作的时候，她就带着孩子做空中瑜伽、跳拉丁舞，或者约上三五个闺密逛街、喝茶喝咖啡。总之，我从她身上根本看不出来一丁点离婚女人的哀怨。

"蒋美涵，你的心是不是鞋拔子做的，怎么那么抗打击啊？"在又一次被她拉出去"享受生活"之后，我假装一脸嫌弃地瞪着蒋美涵。

"切，难道要我为那么个男人伤心吗？不值得！"蒋美涵嗤之以鼻，甩了甩她新做的头发。

蒋美涵的老公做生意失败，遇见了一个比他大了10岁

的富婆，为了富婆抛下了两个孩子，死活都要跟蒋美涵离婚。他根本一点都不顾及当年为了让他在生意场上闯荡无后顾之忧，而辞了工作当家庭妇女的糟糠之妻蒋美涵。

那种感觉，就像原本约好了风雨同舟的人，在你给他做好了马车、铺好了路之后，他却自己驾车跑了一样。

按照蒋美涵老公的说法，富婆能在他最需要帮助的时候给他温柔，给他安慰。而在蒋美涵这里，他却只能听见烦得透顶的家长里短和无休无止的孩子哭闹声。

"无耻，你怎么不说对方能给你钱，弥补因为你的无能造成的亏空啊？"我当时抱着脸色苍白的蒋美涵，冲头也不回决然离去的那个男人歇斯底里地叫着。

我担心一向泼辣的蒋美涵会气昏了头，去找那两个人同归于尽，更担心她会傻到用伤害自己来解脱，所以守着她不敢离开。

结果，蒋美涵只在屋子里发了一天的呆，就开始规划自己的后半生了。

基于以下三点：第一，她说辞职前她做过广告印刷；第二，她爸是做房地产的；第三，她自己是幼师学校毕业。所以她只要从这三个职业中选一个来养活她和孩子们就行了。

我哭笑不得："你当是挑西瓜啊？还三个选一个。这可是你的下半辈子啊，你不是该从长计议，好好谋划吗？"

蒋美涵家里虽然条件还可以，但是重男轻女的思想极为严重。就算是情况最好的时候，父母也不会给这个女儿任何帮助，更别说她爸的公司现在也在亏损着。如果知道了蒋美涵被人抛弃了,他十有八九第一反应就是因为觉得丢脸而把蒋美涵痛骂一顿。

换句话说,她是孤身一人,除了我这个刚够温饱的闺密,她没有任何后援。

我真的很替她担心。

蒋美涵认真地跟我说:"这个男人,我认识了他快二十年,结婚也有七八年了。也就是说,我足足考察了他十几年,才打算跟他一起老死的。结果呢?他离婚也就罢了,还带走了家里几乎所有的积蓄。人生本来就无法预料,规划那么多也没有用。"

我赫然醒悟:"原来你从一个极端走到了另一个极端。"

"怎么?过去是连菜谱都要提前一周写好的家庭妇女,现在打算过一天算一天吗?"我斜着眼睛望着她。

她捏了捏我的下巴,得意地回答:"没错!啊,对了,我可以做三个纸团,捏到哪个算哪个。"

"……"我只能表示好无语,"要不你再找个人嫁了吧,然后再慢慢想。"蒋美涵身材苗条,长相中上,再找个男人嫁了应该没有问题。

"不,我再也不要靠哪个男人生活。"蒋美涵摇着头,坚决地拒绝了。

她的前夫自从离婚就再没有出现过。别说是陪孩子尽一个做父亲的责任了,就连孩子的赡养费也不给。我能理解她对男人的痛恨,所以只能闭上了嘴。

蒋美涵做了三个纸团,最后抽到了广告业。

"好了,决定了,我要做广告界的精英。明天就找地方开一个广告印刷公司。"她豪气万千地一拍桌子,大声说。

"喂喂喂,大姐,你以为公司那么好开的啊?"我真的好无奈,"难道你要把自己手里仅剩的一点钱都败光吗?"

"路都是人走出来的。只要肯干,做什么其实都一样。"她笑嘻嘻地反过来安慰我。

Z

蒋美涵热火朝天地干了起来。她联络了过去的同事。嘘寒问暖之后,蒋美涵说了自己的打算。同事们大多劝她不要痴人说梦话,找个小公司工作算了。只有一个,过去曾经跟她搭档过的业务员,叫孙乾的,十分兴奋地说:"啊,蒋姐,你终于想通了,肯出山了?我投资,你出力。我们一起干吧!"

"竟然真的被你找到了一个人傻钱多的家伙!"我吃惊的同时,也哭笑不得。

"不不不,只能说,这是个很有眼光的年轻人。他跟我搭档的时候,我们就非常合得来。"

孙乾刚入行的时候,是蒋美涵一手带起来的。那个时候为了让他完成任务,安全度过试用期,她竟然把自己的业务算在他头上。没想到,八年后,这个孙乾竟然成了一个投资公司的总监,还有了不菲的身家。

只能说,蒋美涵的善良和大度在过去种下的善因,到现在帮了她自己的忙。

孙乾果然立刻就拨了钱过来。

"我们拟一个合作协议吧，到时候盈利，你八，我二。"蒋美涵打电话过去给孙乾商量。

"不用，不用。我没时间过去，协议什么的就算了，我还信不过你吗？"孙乾这么回答。

"那我写好寄过来，你签了字再寄一份回来。"

"不用这么认真吧？"

"要的，要的。你知道我的脾气，要么不做，要么就要做到最好。"

我从来没见过蒋美涵这么严肃。想一想也是，就算是做家庭主妇的时候，她都是一切亲力亲为，做什么都很用心。她曾为了学做蛋糕，报了半年的烘培班。

"如果你一定要写协议，那就五五分吧。亏了算我的。"孙乾也只能严肃起来。

我听了，摇头感叹："啧啧，这就是送钱给你玩儿啊，给你玩儿。"

"嗯，我知道他的意思，但是我却不能让他亏本。"

蒋美涵像打了鸡血一样斗志满满，开始找场地，然后招人，还从过去的老东家那里买了一台旧机子过来。

一个月内，就已经万事俱备，只缺客户这个东风了。

"蒋美涵，别人都是先去找客户，再来开厂子的。"我虽然没有经验，但是也知道这个常识。

"客户好办，只要肯花功夫，总会找到的。"蒋美涵有着一种近乎白痴的乐观，真是让我很佩服。

这几年，除了孩子一起玩的缘故认识了我这个闺密外，她几乎与世隔绝了。我实在是想不到，她还能从哪里再找出个客户来。

蒋美涵开始翻箱倒柜，从一个压在最底下的盒子里拿出了电话本，然后开始疯狂地打电话。

我猜，那大概是她辞职前的客户联络本。

奇迹没有出现，蒋美涵从电话本第一页打到最后一页，吃了无数个闭门羹，一个客户也没有找到。

"这个世界变化得太快，没有人会站在原地等你的。"蒋美涵放下电话本，喃喃自语。

我被她脸上的落寞刺痛了眼睛，用力抱着她肩膀："别气馁，我们再想想别的办法。"

3

蒋美涵失踪了。我打电话她不接，去家里找她又没见人。

"这家伙不会用什么得不偿失的办法去找客户吧？"我心急火燎地从她家冲出来，却看见她站在小区门口，手里拿着一大堆巴掌大的卡片。

"你在干吗？"我如释重负，跑过去问她。

她摆了摆手里的卡片："发广告卡。"

"你不怕被物业赶啊？"

"我在背面印了独家美食的做法，还有小区里的各种常用电话和我们公司的广告。好像大家还蛮喜欢的，都抢着要。"

她和我说话的时候,几个老太太就过来拿了几张广告卡走了。

"这样广撒网有用吗?"我从她手里接过一沓,帮她发。

"不知道,死马当活马医呗。"

发了整整一天卡片,我们都精疲力竭。可是接下来几天都没有任何消息。工厂里的工人每天都要发工资,场地租金也要付。眼看日子一天一天过去,蒋美涵表面上很淡定,其实我看得出来,她也很着急。

"难道真的要跟孙乾说对不起吗?"蒋美涵站在阳台上,看着夕阳又一次落下去,有些绝望。

她的手机忽然响了,我凑过去一看是物业打来的电话。

"这个时候来催物业费,真是雪上加霜。"我皱了眉头。

蒋美涵叹气,接起了电话。

"蒋小姐吗?"对方的语气很客气。

"嗯,我是。"

"你印的那个小卡片很不错,很多业主都觉得很好,来找我们要。现在我们想委托你为我们再印一万张。"

"好。"蒋美涵跳了起来,激动得拿电话的手都在哆嗦。

这就是蒋美涵做成的第一单生意。她给物管很优惠的价格,条件是,卡片背面她公司的广告要保留。

于是,这张卡片不但传遍了我们这个大型小区,还传到了别的小区。

蒋美涵的生意,忽然多了起来。她忙得不亦乐乎,有时候,还要通宵加班。就算是铁打的人,也受不了,别说她还是一个娇小的女人。蒋美涵终于病倒了,半夜给我打电话,说她发烧,要去医院,要我帮她看孩子。

她烧到快 40 摄氏度,人都有点糊涂了。我不放心她一个人,便要我老公叫来了一个朋友,帮忙送她去医院。起初蒋美涵死活不肯麻烦别人。是我发火说如果不让这个朋友陪着,就连小孩我都不帮她看了,她才勉强同意。

我老公的那个朋友叫余文广,也是离过一次婚。因为那次失败的婚姻,让他对女人有一种敌意。他觉得女人都是一种唠叨、小心眼又奸猾的动物。如果不是因为我老公跟他是死党,我又许诺给他做糖醋排骨,他才不会半夜送一个陌生女人去医院。

蒋美涵现在对男人的成见也很深,离婚后所有来追她的男人都没有在她这里得到好脸色。加上她个性又强,牙尖嘴利,现在又心情不好,说不定一言不合就会在车上跟余文广吵起来。我很是担心。

"他们两个半路上会不会打起来?"就连我老公也觉得不放心。

4

那一夜风平浪静。我想大概是病了的蒋美涵没有力气跟余文广吵架,或许是蒋美涵那副我见犹怜的病恹恹的样子激发了余文广的保护欲。

更让我惊讶的是,蒋美涵住了三天院,余文广就照顾了她三天。

"有戏啊！"我兴奋地拍着老公的肩膀，"莫非余文广这块大石头终于被蒋美涵这把烈火给烤化了？"

"谁说的？昨天余文广还打电话来抱怨说这个女人怎么这么啰唆，从早说到晚，说得高兴就大笑，说得伤心就大哭。搞得他也要疯了。"老公摇头叹气。

"这不是正好说明两个人对了眼吗？你什么时候见过蒋美涵在别人面前这样？你又什么时候见过余文广听别的女人唠叨了三天了还不跑？"我咧嘴笑着。

"嗯，是的。转头余文广又说，这个女人真奇怪，明明自己站都站不稳了，却什么都不愿意让他帮忙，跟他见过的那些娇滴滴的，恨不得连走路都要他背着的女人不一样。"老公皱眉若有所思。

把蒋美涵送回了家，余文广第一件事就是来找我麻烦。他绷着脸很是不悦："你给我挖了个坑。"

"没。"我尽量表现得无辜。其实，我确实是有一点私心。余文广沉稳内向，为人正直，有稳定的工作，身高足有180cm，长相中上，怎么看都是一个万里挑一的好男人。俗话说，肥水不流外人田，我好不容易才逮着这个机会把他们这两个刺球捏到一起。

余文广用手指点着我，却不知道怎么数落我，许久才无奈地留下这么一句走了："看在美涵那么可怜的分上，我就不跟你计较了。记得你答应过我的糖醋排骨。"

过了几天，蒋美涵才恢复。我十分不近人情地要蒋美涵马上给我做糖醋排骨。我说只有糖醋排骨那浓重的口味，才能抚慰她那两个调皮孩子这几天给我造成的身心伤害。

蒋美涵二话不说立刻去超市买了最好的排骨，然后做好了给我送了过来。

她刚一走，我就打电话给余文广。

余文广看着桌上的排骨，沉思了一会儿，忽然说："我端走了，吃完再给你把碗送回来。"

我故作气愤地在后面大叫："哎呀，你怎么能这样，排骨全部吃了也就算了，好歹把糖醋汁留下来给我拌饭吧。"

"哦，对，你家有米饭吗？"余文广回头又哼哧哼哧把我的一电饭煲饭给端走了。

"啧啧，你果然过去是没有遇见对的人，一旦遇见了，也是个重色轻友的家伙。不过她的性格有些要强，你的皮要厚些，才能靠近她哦。"我在余文广身后，像是自言自语一样低声嘀咕。

5

自己刚送出的糖醋排骨又被余文广原封不动地端回了家门口，蒋美涵十分惊讶。

余文广浑然不觉，只管往里走。

"你干什么？"蒋美涵已经隐约嗅到了阴谋的味道，满脸戒备地把余文广拦在门口。

"你不是病刚好吗？我拿点好吃的来给你补补。"余文广一脸无辜。

"你被那个女人骗了,这个是我做给她吃的。"蒋美涵哭笑不得。

"不是,这是我做的。刚好我家有一个一样的碗。"余文广知道自己被骗了,却打算打死也不认。

"你把排骨送回去吧。"

"你能不能先让我进来?这个锅好重。"

女人最怕男人服软了,男人一服软,女人就心软了。蒋美涵也是,不由自主就侧开了身子放余文广进去。

余文广把东西放好,就开始像在自己家里一样,打扫卫生。

拖地、刷马桶,连地漏上的头发,他也全部弄干净了,然后还动手把所有坏了的灯泡换上新的。

"你做这些是什么意思?"蒋美涵追着他,却阻止不了他,气急败坏地叫着。

"难道以你的身体现在还能自己做吗?我做事从来不打折扣,既然答应帮忙照看你,就要照看到底。"

"好吧,非常感谢。但是只此一次,你不要再来我家了。"

"嗯。"

于是,余文广又开始在厨房忙碌。

"你怎么这么婆妈?说了不用你帮我做这些。"蒋美涵又被成功激怒。

"我没怎么做过饭,所以只炒一个小菜,你将就着吃吧。"余文广对蒋美涵的逐客令充耳不闻。

"你的厨艺可真差。"蒋美涵别扭地坐下来吃,却还不忘记挑刺。

"嗯,以后你做给我吃吧。"

"你还真是得寸进尺,脸皮厚得要死。"

"嗯,听说你是个刺球,我的皮不厚一点,会受伤。"

"你别在我身上花功夫,我没有什么能回报给你的。"

"你不用想太多。我不是二十几岁的毛头小伙子,不赶着生孩子结婚,所以,不需要你给我回报。你就当我是个朋友吧。"

这些对话是我后来分别从两个人嘴里逼问出来的。反正重点就是,我终于成功地把自己的闺密和我老公的朋友撮合在了一起。

从此余文广俨然成了蒋美涵家里的男主人,隔三岔五就来做那些琐碎事情,还给孩子买东西,带他们去看电影。一天晚上,他说喝醉了酒,好难受,没人照顾,蒋美涵心一软,就让他在家里住下了。结果,余文广一住下来,就不走了……

蒋美涵的印刷店生意越来越好,每天为了见客户签合同,跑来跑去。她用自己赚来的钱买了一辆奥迪Q5,然后开车带着我到处去吃好吃的。

如今,我都叫她"蒋老板"。

孙乾第一次拿到蒋美涵给他的分红的时候有些呆愣。

"没想到我还能不亏本吧?"蒋美涵笑嘻嘻地说。

"不,我相信你一定能再站起来,只是没有想到你会这么快。"孙乾眼神坚定,"因为你有能把坏日子过成好日子的特质和能力。"

6

蒋美涵带着余文广见了父母,这个时候才把自己离婚的事情告诉了家里。蒋美涵家里面对余文广很满意,甚至逼问他们什么时候结婚。

我和我老公在打赌看蒋美涵和余文广什么时候顶不住压力而结婚,他们两个却分手了。原因是,余文广的妈妈要蒋美涵给余文广再生一个,然后从此在家相夫教子,不再整天出来折腾。蒋美涵一口回绝。余妈妈很生气,说如果做不到,就要蒋美涵不要再缠着余文广,还说,按照余文广的条件,大可以去找一个年轻漂亮的女孩儿跟他生儿育女,陪他一辈子。

蒋美涵的臭倔脾气也犯了,当晚就把余文广的东西收拾好,把他请了出去。

余文广买了几瓶酒坐在我家,喝得酩酊大醉。他说他是有找年轻漂亮女孩子的资本,可是不知道怎么回事,就像中了邪一样,只喜欢蒋美涵。

我老公不知道怎么安慰他,只能默默陪他坐着。我心里却在想着蒋美涵那个表面坚强的女人,现在会不会正躲在被窝里面偷偷哭。

余文广每天来我们家喝酒,喝醉了就给蒋美涵打电话,说他想看孩子,能不能让他进家门。

蒋美涵冷冷拒绝,说既然分手,就分得彻底一点,不要给孩子造成困扰。况且,这俩孩子又不是余文广亲生的,还不至于有这么深的感情。"

蒋美涵的话太伤人了。我都有些听不下去了。

虽然不是亲生的,但是余文广绝对视如己出,运动会、家长会一次不少,就连孩子的洗发水用完了,都是他去买。

余文广挂了电话,极其痛苦地捂着脸。这个山东大汉,此时却无助得像个孩子。

我忽然觉得,我非要把浑身长刺、像惊弓之鸟一样的闺密塞给这么一个同样受过伤的男人十分不地道。现在,他因为我的一时冲动又要受第二次伤。

余文广的电话忽然响了,是他爸爸打来的,说余文广的妈妈中了风,摔倒了。

六神无主的余文广挂了电话,想也不想就立刻给蒋美涵打电话:"我妈中风了。"

蒋美涵在那边一言不发挂了电话。

她平时没这么冷血的,怎么能这样!我快气疯了。

余文广长叹了一声,给自己又灌了一杯酒。

老公一边安慰着余文广,一边给他订机票,门铃却响了。

打开门,蒋美涵牵着俩孩子进来了。她把孩子往我怀里一塞,就抢过了余文广的酒杯:"你还不回家?还有心思在这儿喝酒?"

"我打算明天一早走的。"余文广有些呆愣。

"还等到明天早上?那是你妈!我订了今晚最后一班飞机,我陪你回去。现在、立刻、马上跟我走。"蒋美涵把他拖了起来。

"行李呢?"

"要什么行李,衣服现买!真婆妈!"蒋美涵一边把余文广推着往外走,一边对我说,"孩子就麻烦你了。"

"为什么不带着孩子一起去?"我灵光乍现。

"啊,对。带他们给奶奶看看。"从呆愣中醒过来的余文广脑子忽然转得很快。

既然老太太要孩子,就给她两个。

"谁是他们奶奶,我还没嫁给你呢!"

"别叫了,快给两个孩子订机票。"他们两个一人牵一个孩子,吵吵闹闹出了门。

我和老公不约而同长长出了一口气,然后相视一笑。

7

其实,余文广的老妈有些夸大其词了。她确实是摔了一跤,但是只是摔伤了胳膊。她这样骗余文广,是怕余文广舍不得蒋美涵不肯回去。

所以当蒋美涵带着孩子一起赶到的时候,老太太心情极其复杂。她没有想到蒋美涵会义无反顾当晚就坐飞机过去照顾她。更没有想到,余文广会跟她说,如果娶不了蒋美涵,他这辈子就再不结婚了。

老太太思来想去,决定由余文广和蒋美涵去了。况且,她也很喜欢蒋美涵的两个孩子。

这俩孩子早在路上就被余文广用新版玩具收买，到了家里见到老太太一口一个奶奶喊得很亲热。更别说他们还乖巧懂事，抢着做家务。

所以回来的时候，蒋美涵手上已经戴上了余文广的求婚钻戒。

余文广是在回来的飞机上求婚的。他说："我会学着做饭，不逼你放弃事业。我会宠你，你只要工作忙完记得你还有个老公就行了。我也不会烦你太久，就烦你一辈子吧。"

蒋美涵和余文广在家里的阳台上请我和我老公吃烧烤、喝啤酒，来答谢我这个媒人。

两个男人喝着啤酒聊天。蒋美涵和我在烤炉边忙碌。她脸上的光彩比手上钻戒的光芒还要夺目，那是幸福的女人才有的光芒。

谁还能记得，一年前她被迫离婚时那副失魂落魄的样子。不知道怎么的，我忽然红了眼，捂住了嘴。

她拉着我的手也红了眼："那时我其实不是为了那个男人难受，而是为了自己这些年浪费的时间难受。为自己没有给两个孩子找个好爸爸内疚。"

"嗯。"我点头，带着鼻音回答。

"其实，现在回过头想想，也不能完全怪他。我那时一门心思都在家里面，很少关心他，在他看来，难免觉得我不是人生伴侣，而是一个累赘。"

"他那么对你太不公平。就算是家庭主妇，你也是在为家里做贡献。"

"我知道,我不觉得我在白吃白喝。只是,我觉得那样的我失去了自己,太不值得。也好,吃一堑长一智,人都是这样才能长大。"

"我说你,怎么看你拿到的都是一手一辈子翻不了身的烂牌,你是怎么骗到这么一个好男人的?"

"是啊,大概是我貌美如花、坚强独立,然后又有一个不靠谱的闺密吧,哈哈哈……"

留得住的不需用力，
留不住的不需费力

1

　　郭睿懿家境很好，父母亲都在一个小城市工作，家里有个带着大院子的别墅。加上她是重点高中保送的，成绩好到没朋友，所以，她有一种藐视一切的傲气。初见郭睿懿的时候，我觉得她很冷，寡言少语像冰山一样难以靠近。但是时间一长，跟她熟了之后我才发现，她比谁都要热情话痨，有时候还像个孩子。

　　那时的我没有想到，我们七个人里面爱得最轰轰烈烈的竟然会是她。

　　我们这种工科学校，男女比例7:1，只要是个雌性就会有人追。脸蛋、身材有一样出色的，追求者可以超过五个。如果两样都出色，那简直就是国宝。

郭睿懿脸蛋长得一般，身材却很好。刚进校，她就被人瞄上了。对方是同班同学，长得健壮高大，一脸忠厚，就连名字也起得很安全，叫高志远。

大概是高志远的年龄比我们班大多数人都要大，所以老练深沉得多。他早早就开始筛选身边的女孩来寻找合适的对象。而其他男生那时都还沉浸在脱离家庭和高中的喜悦里，自由得无法无天。

在我们眼中，他们大多只顾着打游戏，对感情根本就没开窍，根本就不会注意到身边有一大堆情窦初开、跃跃欲试的姑娘。

就算有一两个忽然醒悟的毛头小子，追求女孩子的手段也远远没有高志远那么高明。所以，高志远没有费什么劲就把郭睿懿追到了手。

高志远每天一大早就在楼下等着郭睿懿，半夜在女生宿舍关门的最后一分钟，才把她送回来。

我们剩下的六个女孩对他们约会的时候干些什么好奇得要命，所以总是眼巴巴地等着郭睿懿回来，然后追问她："快快快，跟我讲讲你们约会都干什么了？"

"吃饭、看电影。"

"就这些？"

"嗯。"

"难道没有那个？"我指了指嘴巴示意接吻。

郭睿懿把枕头扔在我脸上："讨厌，有也不告诉你。"

"你有没有爱上他？"有人问了一个深奥的问题。

"爱？"郭睿懿沉默了一会儿，才回答，"我想，我还没有爱上他。我跟他约会，只是好奇谈恋爱到底是什么滋味。"

"那你知道是什么滋味了吗？"

"好像也没有什么特别，就是在一起很自然，并没有小说上说的那样兴奋和喜悦。"她脸上显出淡淡的失望。

我们也"哦"了一声各自散开，睡觉去了。

大概，郭睿懿真的不爱高志远。或许有一天，会有一个男人，能让她爱得死去活来。我这么想着，听着她们有一句没一句地评论了班里的男生就迷迷糊糊进入了梦乡。

Z

"我跟你们说，原来高志远已经有女朋友了。那小子，看上去敦厚老实，其实是个花心大萝卜。"孙蕾蕾大声叫着，拎着水壶从外面冲进来。我们七个人里面，就数她最咋呼。

站在郭睿懿身后的我悄悄指了指郭睿懿，冲孙蕾蕾直摆手。郭睿懿自尊心极其重，如果高志远真的脚踏两只船，她不知道要气恼成什么样子。

孙蕾蕾吐了吐舌头，干笑了一声："那个，我也是道听途说，说不定搞错了。"

郭睿懿垂下眼帘，不紧不慢地说："我早知道了，他跟我说过，他读高中的时候有一个女朋友，现在已经分手了。他们现在是朋友。"

其实我听到过高志远上课时跑出来，躲在楼梯间给那个女孩打电话。虽然我没有恋爱过,可是我却知道"我爱你"之类的话绝对不是普通男女朋友之间应该说的。

"有什么?大不了分手。这个大学什么都缺,就是不缺男人。"郭睿懿抬起眼帘,嗤笑了一声。

好吧,这就是酷酷的郭睿懿,或许我们白操心了。

郭睿懿开始织围巾。我问她给谁织。她说就玩一玩,没有特别要织给谁。因为郭睿懿一闲下来就摆弄毛线,引得宿舍里掀起了织围巾的热潮。就连原本对这些毫无兴趣的我,也手痒学了一点。

我悄悄数过,郭睿懿拆了织、织了拆,一共折腾了七次。

然后上高数课的时候,我就在高志远的脖子上看见了郭睿懿最后织好的,也是织得最成功的那条围巾。

虽然乍看上去大家织的都一样,可是因为我天天围观,所以一眼就能认出郭睿懿的"作品"。

高数课是大课,好几个专业的在一起上课。我们宿舍的女生坐在一起。我发现郭睿懿看见高志远戴着她织的围巾的时候,眼睛瞬时亮了,内心的喜悦得意表露无遗。

"难道说以前高志远戴的那一条是他的前任织的?"冰雪聪明的白素最先看出端倪,从鼻子里哼了一声。

这时,我才意识到郭睿懿为什么要花这么多时间织围巾,就是为了让高志远换下前面那一条。

我们齐刷刷地看向郭睿懿。

郭睿懿从鼻子里哼了一声:"虽然不稀罕,但是既然是我的东西,怎么能让别人的痕迹保留在上面?"

你就死鸭子嘴硬吧！我们其他人默契地交换了一下眼神，然后各自转回头翻开书。

3

郭睿懿把一个恋爱中女人对男友的特权发挥到了极致。高志远现在就连踢球都要带着郭睿懿。据他们寝室的人说，他再也没有给前女友打过电话。

总之，郭睿懿把高志远治得服服帖帖。我对她极其崇拜，心想以后我找了男朋友，一定要跟她学一学。

他们的感情很稳定，是我们公认的模范情侣。

于是我们就常看见郭睿懿和高志远牵着手在我们面前经过。郭睿懿脸上带着沉浸在爱河中的娇羞小女儿态，明眼人都看得出。

"其实，高志远才是真正把郭睿懿制服了。"白素给了一个总结。

孙蕾蕾那个藏不住话的人，晚上就傻乎乎地跑去问郭睿懿："喂，老三，你不会对高志远也已经死心塌地了吧？"

"说什么傻话？我只是做什么都很认真而已。包括谈恋爱。"

"追你的人也有条件好的，可是你都不屑一顾。如果不是真的很喜欢高志远，那是因为什么？你不要嘴硬了。"

"既然开始了一段恋情，就要努力维持下去。在他提出分手前，我是不会轻易放弃的。再说，我也不屑于做那种脚踏两只船,或者跟无数个男人暧昧不清的女人。"郭睿懿斜了一眼白素。听说高志远最初是打算追白素的,只是白素的追求者太多,所以他才退而求其次。

郭睿懿一直是要什么有什么。按照她的个性,虽然高志远最后追的是她,他们两个现在感情也很稳定,只是光这个退而求其次的"次"就已经很让郭睿懿恼火了。郭睿懿得知这件事之后,一直对白素没有好脸色。

白素像是没听见,自顾自地化妆换衣服。

我拉了拉郭睿懿的袖子,她才把冒火一样的眼睛转开了。

"太用力,男人反而会跑掉哦。"白素像是自言自语一样不紧不慢说了一句。

郭睿懿是很用力,这个到了学校才学会洗自己衣服的女孩子现在竟然为高志远手洗所有衣服。

郭睿懿气得立刻起身上前一拍白素的桌子:"你什么意思,在咒我们分手吗?难道你也想来抢高志远?"

"放心吧,高志远不是我喜欢的类型。"白素温柔地一笑就走了出去。

郭睿懿被噎得说不出话。就好像拳头打在了棉花包上,再怎么用力,对方也能在无形中化解。

其实是郭睿懿自己太紧张高志远了,所以总要树个假想敌。其实,高志远真没有她心中想象那么高大上,所以也只有她紧张高志远,只不过我们都不忍心点破她。

现在的郭睿懿已经完全没有了开始时她说的那样超然和自得,而像一只被感情的蛛丝网困住的蝴蝶。

4

大学四年，一晃而过。在我们焦头烂额找工作的时候，郭睿懿却很悠闲。以她家在本省的关系，她想要在这里找个好工作轻而易举，更别说她成绩排名很靠前。

高志远的成绩不好，所以会麻烦一点，好在他是个男生，好在郭睿懿家有背景。郭睿懿问高志远想要留在省城还是跟她回她家的那个小城市。高志远说，家里有他和妹妹两个孩子，他肯定要回去的。高志远是北方人，离这里十万八千里远。郭睿懿是家里的独女，她的父母绝对不会准她离家那么远的。得到高志远的答复后，郭睿懿当时就傻了。

郭睿懿以为自己能像过去一样，逼着高志远迁就她，可是高志远这一次却很坚决。他义无反顾地在家乡找了个工作，没等到拿毕业证就回去了。他甚至都没有好好跟郭睿懿告别，只是发了一个简单的短信："再见，谢谢。"

那一夜，郭睿懿独自在床上坐到天明。早上她打电话回去跟家里说："我要去北方找工作，对不起。"

这就意味着，她这个娇生惯养的女孩子要背井离乡，独自一人到陌生的地方去闯荡。我们都好惊讶，劝她："你要不要再多考虑一下？毕竟你在这里可以生活得轻松优渥很多。"

是的，去了那里，父母鞭长莫及，一切都要靠自己。她比我们更清楚，却还是咬着唇摇了摇头。

郭睿懿收拾行李去追随高志远那天，她的电话响个不停。出门前，她才接了起来。

电话那边是她妈妈愤怒而伤心的声音："你要是执意要去，以后就不要回来了。"

"对不起，妈妈。"郭睿懿挂了电话，拿起行李哭得像个泪人儿。

"嘿，别这样。阿姨只是气话，你去了那边，只要过得好，阿姨叔叔肯定会为你高兴的。"我安慰她。

"嗯，小二，我是不是很傻？"她擦了一把眼泪，勉强笑了一下。

"怎么会呢？你们感情那么好，我羡慕还来不及呢。"我昧着良心说瞎话安慰她。

"其实，他没有你们想象中那么喜欢我。寒暑假回家，他都是跟她在一起。你们说得对，是我离不开他了。我害怕我不跟着他一起去，他立刻就会忘了我。"她苦笑了一声。

那个女生跟高志远门当户对，又在高志远的家乡。高志远这种极其世故的男人，在关键的时候，只会考虑如何对自己最有利。

我们拥抱之后，依依不舍地告别。

站台上，郭睿懿的背影好坚决也好孤单，让我鼻酸。

在一起时间长了，男人对女人的热情消失，回归理智，女人却慢慢发现自己对男人的爱已经深入骨髓，戒不掉了。我从她身上学到了这样深刻的教训。

5

郭睿懿的能力还是不可忽视的。她去了那边之后，一个月就找到了工作，还跟高志远合租了一个地下室。高志远跟那个女生保持着联系。每次郭睿懿知道了，都要大吵一架。每一次争吵，都像是给他们的关系一次重击。终于有一天，高志远受不了，收拾了行李离开了。

高志远离开那天，郭睿懿给我打了一个电话。她在电话里哭得话都说不清楚。

她说她在那个冷死人的地方吃了好多苦。他们住的地下室阴暗潮湿不见天日，里面龙蛇混杂，满是醉酒和浑身臭气的男人。她早上5点钟就要起来，然后拼命挤才能挤上沙丁鱼罐头一样的公交车，还要转地铁转公交才能到单位。单程都要花费两个小时。不加班的时候回到家都晚上8点了。可是他们又常常加班，一加班她就只能在办公桌边的行军床上蜷缩着过夜。

郭睿懿说她最气愤的不是自己受的这些苦，而是高志远对他们爱情的不坚定。那个女人，竟然常常趁着她加班的时候去看高志远，然后在郭睿懿买的床上过夜。她一想到这件事就恶心，却又离不开高志远。她想不通自己为他付出了那么多，他怎么还能这样背叛她。

我除了叹息，骂高志远是个浑蛋，想不到什么话安慰她。其实这一天迟早会来，我们都心知肚明。只是郭睿懿太倔强，一直不肯认输。

高志远结婚那天没有告诉郭睿懿，郭睿懿却打听到了婚礼的地址。她在酒店门口徘徊了许久，最后还是捂着脸流泪走了。

足足半年，郭睿懿才从极度伤心中慢慢恢复。开始她常常半夜跟我打电话哭诉，后来只是骂几句高志远，跟我聊一聊她的近况。有一天她告诉我说，有个不错的男人追她，做房地产的，在北京打拼了好多年，还是她的老乡。最重要的是，那个人对她很好。

"对你好的男人，才是真正爱你的。遇见了就不要错过了，赶紧嫁了吧。"我笑嘻嘻地打趣她。

不久之后，郭睿懿发来了婚纱照。那个男人长得肥头大耳，不帅，但是看着很踏实。郭睿懿的笑声一天比一天多了。她给我打电话的时间却少了。我想，她大概是在忙着经营自己幸福的小日子，所以没空理我了吧。

毕业十年，再见到郭睿懿，大家都觉得她比原来白净漂亮了许多，少了许多傲气，多了许多知性和温和。

"高志远怎么没有来？难道是没脸见你？或者是怕被我们撕成碎片？"孙蕾蕾举着酒杯眼睛四处张望，问郭睿懿。

真是哪壶不开提哪壶！虽然郭睿懿现在很幸福，但是高志远毕竟是她曾那么用力爱过的人，是她心上的一个疤痕。在这么多人面前问她这个，不是当面揭她的伤疤吗？我们郁闷了一下，朝孙蕾蕾使眼色。

"嗯，听说他老婆要生第二个了，忙着在家洗衣服做饭侍候老婆。"郭睿懿一脸淡定，像是在谈论着与她无关的人。

要知道在学校时,高志远就连臭袜子都是郭睿懿给他洗。

"你不恨他?会不会也有点后悔?"孙蕾蕾依旧不理会我们的示意。

"没关系。"郭睿懿安抚着焦急的我们,冲孙蕾蕾笑了笑,"我曾经很痛恨高志远。可是现在想想,那时的他从来没有要求我为他做什么,一切都是我心甘情愿,所以怨恨他,也有些无理取闹。但是,我从来没有后悔过。毕竟,为了留住这段感情,我尽力了,所以没有什么好遗憾的了。"

我们点头:"对,你能这么想就是真的放下了。"

她拿出钱包:"来来,给你们看看我的儿子。"

"哇,好可爱……"我们凑了上去发出惊呼和笑声,吸引了全场的视线。

我望着满脸幸福的她在心中默念:"嘿,知道你能放下,我就放心了……"

不要让失败的婚姻
阻碍你前进的道路

1

"李浩然,我们分手吧。"在苦苦等待五年之后,我得到了顾欣然这样的回答。

"不,我绝对不会跟你分手的。就算跟你同归于尽,我也不会让你离开我的!"我在电话里嘶吼着,恨不得现在就飞到她的身边,捉住她的肩膀狠狠地质问她为什么要这么对我,我甚至想过要和她同归于尽。

自从高中我替顾欣然打跑纠缠不休的流氓之后,顾欣然就成了我的女朋友。顾欣然跟我从穿开裆裤时就认识,我们两家算是世交。我们的感情就像细水长流之后忽然汇成的汹涌大河。身边的朋友都知道,我们互相爱得很深。

我家境优越,是家里的独子,父亲在当地也算是有头脸的人物。

门当户对，青梅竹马，我们的恋情得到了两家长辈的首肯。我和她都在等着对方长大，然后成为彼此一辈子的生活伴侣。

高中毕业后，我参了军，她考上了大专，去读幼师。分别的时候，她哭得像个泪人儿，我也很是伤感和不舍。

只要两年，回来我就可以娶你了。我虽然没有对她明说，却坚信她一定能明白我的心意。

军旅生活很枯燥、很辛苦。每当我支撑不住的时候，我就会拿出她写给我的信，含着泪、带着笑，仔仔细细一封一封从头读到尾。开始，我们几乎每天都要打电话，后来才慢慢变成固定的一周一次。

她说学校有男生追她，但是她心里只有我。我心里满满的都是骄傲，甚至开始为我们的未来规划。

我跟她说，我要在院子里种上香甜的葡萄，葡萄架下做一个秋千。以后生一个儿子、一个女儿，她抱着孩子在院子里荡秋千晒太阳，我来推他们。

顾欣然甜甜地笑着说，她更喜欢紫藤花，花开的时候好美。要不种上忍冬也行，漂亮又香气扑鼻，花朵摘下来还能晒干了泡茶。

每次挂断电话，我都能做个好梦。即便在梦里，我都能听见她那温柔的声音在叫我天冷记得加衣服、天热记得喝她寄给我的凉茶。我觉得自己是天下最幸福的男人。

"我就要回来娶你了。"离转业还有半年，我就开始扳着指头倒数还有多少天能见到她,然后在心里默念。

有一天顾欣然兴奋地告诉我:"我在省城的一个大公司实习,如果表现好就能留下来。"

省城?我和她家都在远离省城的一个小城市里。我是家里的独子,转业之后肯定是要回家的。这样一来,我们不是隔得很远吗?我有些慌了。

"回来吧,一个女孩子独自在外,不太好。"她的个性很倔强,我害怕自己表现得太强硬,会适得其反。其实我更想说的是:"隔得那么远,我怎么娶你?"

"等你转业再说吧,我现在工作得很愉快,日子过得很充实。"她笑嘻嘻地在电话里对我说。

好吧,反正离转业也就半年时间了。到时候她为了我一定会回来的。我这么对自己说。

顾欣然有几个弟弟妹妹还在上学。顾欣然一走,家里面连个帮手都没有了。转业回来,我在我们那个小城找了一份公务员的工作,把自己当成她家的女婿,有事随传随到、尽心尽力、毫无怨言。

我多次催促她回来结婚,说我不想再等了,想做爸爸了。

顾欣然却总说她在那个公司干得很好,最近才升了部门主管。她还年轻,不想那么早就困在家里。

"顾欣然,我们都不小了。再过两年,我怕我等不及,娶了别人了。"我半开玩笑地这样对她说。嫁给我,各方面来看都是最明智的选择。我很自信。

"李浩然,我们分手吧。"顾欣然在电话那头沉默了许久,才忽然这样说。

2

怒火烧得太阳穴都在发痛,我连夜开车,赶到了她的宿舍楼下。天还没有亮,顾欣然还没有起来。

顾欣然是我的,谁也不能抢走。一定是哪个花花公子迷住了她的心,让她一时糊涂才会这么说。我要等在这里好好教训那个男人一顿,让顾欣然知道,我才是最爱她的。

我盯着那个小楼的出口,脑子里只有这个念头。

等了许久,顾欣然才从楼道里出来。

转业回来之后,我还没有见过她。猛然一见,我觉得她现在变得漂亮洋气成熟了许多。如果在大街上撞见,就算是我,也未必能一眼认出她来。

我湿了眼眶,握紧了方向盘,强忍着冲出去把她狠狠揉碎在怀里的冲动,等她走远,才下车悄悄跟上了她。

我跟踪了她整整五天,三餐都在他们公司楼下的小饭馆里解决,晚上就睡在车里。顾欣然的生活好简单,上班下班,最多和闺密逛逛街。

她应该没有男朋友。发现最开始的猜测是错误的,我很高兴。因为这说明,她还是爱我的,或许只是赌气,一时糊涂才跟我说分手。我决定,当面跟她谈一谈。

我在顾欣然又一天下班回到公寓前时,出现在她面前。我那时的样子一定很恐怖。胡子拉碴,满眼血丝,以至于她都吓了一跳。

"你怎么成这样了？"顾欣然眼里满是心疼。我更加肯定了她还是爱我的，默不出声，跟着她上了楼。

顾欣然给我倒了一杯水之后，就开始在厨房里忙碌。她的厨艺一直很好。不一会儿饭菜的香气就布满了整个房间。我深深吸了一口，很满足，忽然觉得这些天的辛苦和委屈都很值得。

沙发很舒服，我陷在里面不知不觉就睡着了。我感觉到有人在轻手轻脚地给我盖被子，伸手一拉，就把顾欣然拉倒在了怀里，然后不顾她的挣扎，吻住了她。

我很用力，就好像要把这些年的思念和这几天心里的煎熬用这个吻全部都告诉她。

而她没有抗拒，只是默默地任我为所欲为。

她还是我记忆中那个温柔的顾欣然。只要我努力告诉她我有多爱她，她一定会跟我回去的。我对顾欣然的顺从欣喜若狂，温柔地继续吻着她，直到我觉得足够了才放开手。

顾欣然起身给我盛饭，然后我们就像过去一样一边吃饭一边聊着身边的事情。

吃过饭，顾欣然洗碗的时候，我从她身后搂着她的腰，把下巴放在她肩膀上，带着几分撒娇的口气："何必工作那么辛苦呢？跟我回去找一个清闲的单位工作吧。你要想不工作也可以。结婚后我养你。"

顾欣然停下了手："我好不容易才当上主管，现在还不想回去。"

我心里的怒火又噌噌噌上来了，捉住她的肩膀，用力把她转向了我："到底为了什么啊？你是嫌弃我的文凭现在没有你的高吗？我可以进修的，只要你肯跟我回去，要我做什么都行。"

"不，李浩然，不是因为这个。"顾欣然皱眉，脸上带着几分痛苦的表情。

我太用力了，自己却没有发觉，反而加大了手的力度："为什么？我们在一起五年了，整整五年了！难道你一夜之间就变了心？"

顾欣然瘦小的肩膀在我手中像是要被捏碎了一样。她努力想要挣脱我："我们是不可能的。我想要留在这里，除非你辞掉家里的工作来这里重新开始。"

"你知道那是不可能的。我家里就我一个儿子，我不可能离开家里那么远。"我瞪大了眼睛。她分明是在为难我。

"我的弟弟妹妹还在读书。我要赚钱养家，这里的机会多，我不可能回去的。"她咬紧了嘴唇。

借口，都是借口！她就是变心了！只是时间太短，我还没有见到那个男人。我脑子嗡的一响，看见放在砧板上的菜刀，想也没想就拿起来，抵住自己的脖子："你跟我回去，什么都好商量。"从小到大我都是要什么有什么，现在我最想要，原本最有把握得到的东西却忽然成了别人的，所以愤怒烧光了我所有的理智，我什么都不管了，什么都不顾了，只想得到她。

顾欣然眼里满是失望："你别这样，我是不会跟你回去的。"

如果不能得到她,就跟她一起毁灭吧。我回过神来时,已经将刀抵在她的脖子上:"答应我,我不想伤害你。"

顾欣然尖叫起来。

"我不想伤害你,你不要逼我。"我疯了一样重复着这句话。

外面有人敲门,我分了神,转头去看。顾欣然趁机推开我,打开门冲了出去。

原来是顾欣然的邻居听到尖叫声过来查看。从邻居的眼里我看见了惊恐,忽然意识到自己做了最愚蠢的事情,立刻扔了刀去追顾欣然。

顾欣然跑到路边,拦住一辆出租车,仓皇跳了上去。

我望着绝尘而去的车子,抱住了头蹲了下来,低声呢喃:"对不起。"

3

顾欣然没有回公寓,我等到的是我的父亲。大概是她离开之后给家里打了电话。

父亲狠狠给了我一个耳光:"你一个大男人,难道要在一棵树上吊死吗?她不嫁给你,这个世界的女人就死光了吗?"

我半边脸立刻肿了起来,却依旧倔强地昂着头:"这次是我不对。但是我一定会让她嫁给我。"

顾欣然脾气倔。其实，我更加认死理。我心里面那时只有一个想法：我那样对顾欣然，她都没有报警，说明她还是爱我的。我那么爱着她，她也爱我，她为什么不嫁给我？不管用什么方法，我都要娶她！除了她，我谁也不要！

被父亲拖回了家之后，我开始天天去顾欣然家。我求她的父亲说服顾欣然。顾欣然的父亲沉默着，不赶我走，也不答应我。

顾欣然终于生气了，打电话给我："李浩然，你要是再这么胡闹，我就在这边随便找个人嫁了。"

我不敢再去她家。给顾欣然打电话，却发现她换了号码却没有告诉我。她的家人自然不肯把新号码告诉我。我忽然觉得人生没有了任何意义，彻底地绝望了，开始整夜整夜睡不着。为了发泄心中的郁闷，我辞了工作，开始滥赌。因为我只有在那嘈杂和紧张的牌桌上才能暂时忘掉顾欣然。

一年之后，我输光了家里所有的钱，包括我的车。父亲终于被我气得心脏病发作，不到一个月就去世了。

父亲失去了生气，脸被白布蒙上的那一瞬，过去的我似乎也跟着死去了。一夜之间，我的人生跌到了低谷，我失去了良好的经济条件，失去了父亲的庇佑，还失去了迷失的自己。

我在装着父亲遗像的镜框里看见了一个模糊的脸庞，浓厚的黑眼圈，苍白的肤色，满脸胡茬，头发又长又脏。我忽然明白自己犯下了人生最大的错误，开始懊悔地狠狠抽着自己的耳光。参加葬礼的亲朋好友被我吓坏了，扑上来抱着我。

我看了一眼妈妈，我那憔悴、苍老的妈妈，我浑身哆嗦地上前抱住了她，开始痛苦地抽泣。

对顾欣然的执念依旧纠缠着我。就算到了这个时候，我还在想：哪怕她对我还有一点感情，都不会放任我这样下去。葬礼上，她会来见我的。或许，这是我们之间的转机。

可是顾欣然并没有来，他们家只来了她的父亲做代表。顾叔叔忙前忙后，帮我把葬礼操办完后，就拿来了一瓶酒。

我们聊了整整一夜。

他告诉我："这种事情回不了头了，就当我们顾家欠你的。你找个好姑娘结婚吧，不要再等她了。"

眼睛被眼泪刺得发痛，我却强忍着，仰头把杯子里最后一点酒倒进嘴里，点了点头。

4

葬礼之后一个月，我就随便找了一个年轻女孩结了婚。婚礼那天，我给顾欣然家每个人派了一张请帖。

顾欣然没有来，只托人捎来了一封信和礼金。信上说："谢谢你对我家这些年的照顾，你是个好人，祝你幸福。"

我记得，那一天下着大雪。我穿着我自认为最帅的礼服，仰头看着天空飘落的雪花，含着泪苦笑：整整六年，我只换来了一句你是个好人。顾欣然，我倒要看看，你会有多幸福！

我的妻子叫赵小雪。长得没有顾欣然好看，声音没有顾欣然好听，名字没有顾欣然顺口，性格没有顾欣然幽默，总而言之，在我眼里，她所有的一切都比不上顾欣然。我心里依旧全是顾欣然，我对赵小雪始终提不起兴趣。

可是赵小雪做什么都很努力，用她微薄的工资把家经营得井井有条，比我还孝顺我的母亲。我实在是不忍心挑她的刺。反而因为心里还想着别的女人，觉得有愧，所以我对她总是客客气气的。于是，我们的日子过得平淡安稳，在别人看来是幸福的一家。

赵小雪结婚第二年就为我生了一个儿子。为了儿子，我又回去上班了。

顾欣然像是一根刺，还扎在我心里。虽然时间长了，伤口似乎愈合，其实只是那根刺被掩藏得更深。只要有一点风吹草动，我都能清晰感受到那根刺的位置。

为了能探听到顾欣然的消息，我没有自尊心地依旧经常去她家帮忙。而赵小雪家有什么事情，我却从来都顾不上。

我从顾欣然妹妹口中得知，顾欣然就要嫁给一个比我大两岁的学长。那个学长从老家出去之后，在省城做生意。

顾欣然结婚那天给我发了请帖，我想了很久，还是没去，只是托人给她捎去了礼金。我害怕我自己去了，会一时忍不住，坏了她的婚礼。

那一夜，等赵小雪和儿子睡了之后，我独自一人坐在家里，喝得酩酊大醉。早上起来，我发现自己躺在沙发上，身上盖着被子。赵小雪早就上班去了，孩子也去了幼儿园。

"不管过去怎么样死去活来，生活总是要继续，就让一切都在昨天结束了吧，从此我跟她再没有瓜葛。"我对镜子中满眼血丝的自己这样说。

5

一切都似乎恢复了平静。因为工作努力，加上父亲过去的一些朋友的帮助，我的仕途还算顺利。我知道，我的努力工作，其实是为了逃避。我不想回家。

赵小雪的性格很好，从来不问我去哪里。我每个月按时把家用给她，她也从来不问我到底赚了多少钱。

有人告诉我，顾欣然老公出轨，离婚了。我当年咬牙切齿的诅咒在这一刻竟然成了真。但是我却一点都高兴不起来。

一想到她那么柔弱瘦小的女人从此要独自带着一个孩子生活，我的心就开始隐隐作痛。

想了许久，我才鼓起勇气在家人睡了之后拨通了顾欣然的电话。其实一年前我就知道她的电话号码，却从来没有打给她过。

"喂。"她略带疲惫的声音在电话里面响起。

我发现自己没有预想中的激动和热泪盈眶，反而平静得出奇。

听见我的声音，顾欣然在短暂的惊讶之后也恢复了淡然。我们像这些年经常联系的老朋友一样聊天。她毫无忌讳地谈论她失败的婚姻，说她其实在大城市活得好累，有时候也会后悔自己当年决定留在大城市。不过失败的婚姻只是人生中的小插曲，谁都不可能永远站在原地，人总是要往前走的。

得知她对生活还是那么乐观和充满自信,我悬着的心放了下来。

我们一直聊到天空发白。眼看妻儿就要起来,我决定结束这一次的谈话。

"顾欣然,如果当年我不是那么极端,我们是不是还能继续走下去?"这是我问的最后一个问题。

她轻轻叹了一口气:"李浩然,人生没有如果。其实在我决定留在大城市的那一瞬,我们就注定要分手了。不过,这么多年,我还欠你一句对不起,是我先放弃了我们的爱情。"

我猛然湿了眼眶,打断了她的话:"既然过去了,就往前看吧。以后有什么难处,尽管找我,毕竟我们还是朋友。"

我对顾欣然的执念,好像在她说对不起的那一瞬忽然烟消云散了。挂了电话,我看见远处的天空明媚清澈得像没有丝毫杂质的湖水。我的心情也跟天空一样纯净。我深深吸了一口气,早晨略带清凉的空气让原本有些混沌的脑子瞬间清醒了。

身后门一响,赵小雪起床了,从房间走出来。

其实,我亏欠最多的除了父亲和母亲,就是赵小雪。这些年,我这个做丈夫的实在是不够格。家里大大小小事情都是她一个人在撑着。她毫无怨言,却还努力让我过得开心一点。她甚至会为我一次醉酒后的喃喃自语就大费周章地在院子里种上了葡萄,架起了秋千。而我,却还对另外一个女人念念不忘。

"对不起。"我走过去,第一次满怀温柔地将赵小雪揽在怀里。

赵小雪想要推开我:"怎么啦,为什么你会忽然这样?老夫老妻了,让孩子看见不好。"

"对不起。"我不知道怎么表达心中的歉意,只能反复说着这句话。

赵小雪身体僵硬,沉默了一会儿,才说:"如果你想回到她的身边,也要等孩子大一点。"

原来她一直都知道我的心,看来我真的表现得太明显了。我更加内疚,收紧了手臂:"傻瓜,那都过去了。我会和你好好走下去。"

"嗯。"赵小雪放松下来,将脸埋在我怀里。

我听出她的鼻音,心里也有些酸。

太阳跃出了地平线,新的一天又开始了。

我转头眺望远方:"顾欣然,不管我曾多么用力地爱过你,从此都只属于回忆。就让我好好地守护我身边的人吧……"

爱情如火锅，
和我热辣辣地爱吧

1

我怎么也想不到，吃个四川火锅都能被人揩油。和朋友刚坐下，便忽然不知道从哪里窜出个男人，搂着我的肩膀，兴奋地大声说了一通英文。我那蹩脚的听力让我明白了大意，不过是好久不见的客套话。

我们这一桌瞬时安静下来，在火锅店香喷喷的蒸气和喧闹的谈笑声中，显得格外与众不同。

我瞪着他，才发现他是个混血儿，高鼻深目，黑发白肤，帅得让我有些发痴。

他也瞪着我，惊愕的表情让他看上去像只呆头鹅。

我干咳了一下，粗声说："看什么看，没看过帅哥啊？"现在的我一头利落短发、T恤、牛仔裤、高瘦身材，是有些雌雄莫辨。我被人堂而皇之地占便宜下不来台,打算用这个玩笑话混过去。

他从呆愣中醒过来,脸刷地一下红了,松开手直起身子,语无伦次用中英文两版跟我道歉,说认错了人。

朋友们捂着嘴笑,揶揄我最近桃花运很旺,就连打扮成这样都有男人来揩油。我愤愤地目送他回到自己座位。不知道怎么的,看见他那一桌有个长发的漂亮女孩,我心里忽然很不舒服起来。几天前看见男友李超搂着别的女人,我果断地跟他分了手,并且把留了好几年的长发剪了。因为李超说背叛我的理由是,那个女孩比我有女人味。

红艳艳的汤夹裹着辣椒、花椒和一大堆我叫不出名的香料在大铁锅中翻滚,香气四溢。

我们点了一大堆菜,有荤有素,很是诱人。朋友们谈笑着,只有我觉得提不起兴趣。其实我并没有表面上那么洒脱。几年的一心一意之后却忽然发现对方是个坏男人,那种感觉就像自己辛辛苦苦培育的牡丹最后开了一朵南瓜花一般失落和伤心。

火锅底料太辣,即便蘸了香油我也被呛得眼泪直流。于是我有了借口,灌了自己好多啤酒,直到头晕晕得站不住。我头重脚轻地往女厕所扑过去,想赶在自己丑态毕露前将自己关在隔间里。

刚才的那人站在门口,还没等我推开女厕所的门,他就惊慌失措地拉住我,用有些生硬的中文说:"你醉了,那是女厕所,这才是男厕所。"然后我就被晕头晕脑地从女厕所门前拉过去,塞到了男厕所里。

我已经来不及跟他解释再逃回女厕所,只能先冲到马桶前吐个翻江倒海再说。

他把我扶到洗手盆边。

一个陌生男人都能对自己这么好,而倾心相待的男友却只对别人好。我清理了自己之后,大概觉得这件事情太让我伤心了,所以忽然崩溃抱着他开始号啕大哭。

朋友闻声赶来,见这个情形,以为我被人拉到男厕所中非礼,二话不说,对着那人就是一拳。他的朋友也跑过来帮助他,于是一场热辣辣的火锅大餐以热闹的混战收尾。

Z

他的中文名叫张思恒,他的母亲就是在这个城市长大的。这次他回国是为了体验母亲口中的这个神奇的地方,还有神奇的食物——火锅。那天是他第一次去吃火锅,还因为我的存在而草草收了场。

之所以我有机会了解这么多,是因为我在公司的培训会上再次见到了他。令我惊讶的是,他竟然是美国常青藤大学毕业的高材生,在这个城市里的著名大学做交换学者。这次培训是公司费了大力气才请到他的。

我趁着下课的间歇跑去找他。那天他跑来搂我的肩膀是他的错,可是后来他被打了一拳确实是有些冤枉。我不知道怎么跟他解释我为什么说自己是男人,然后又抱着他哭得那么悲切,所以只能用请他吃火锅来掩饰自己的尴尬。

他摇着头,我有些恼羞成怒。可是他又立刻接着说:"我请。但有个条件,你要教我所有菜的中文菜名,还有它们是用什么做的。省得以后吃饭的时候,我总被骗着吃些莫名其妙的东西。"

火锅店依然那么热闹。我还没有来得及阻止,他就叫人把菜单上的所有东西各上了一份。

结果我们桌上摆了整整四十个菜,光牛肉就有四种。

当我告诉他毛肚、黄喉、鸭肠、鸡胗、腰片、血旺是用动物的什么部位做成的时候,他瞪大了眼睛。我真担心他会吐出来,所以我立刻转移话题,说每一种食物烫煮的时间都有讲究。有些只要倒数十下,有些却要把三字经默念三遍才能吃。

他摇着头咂嘴:"难怪我母亲说火锅是一种神奇的烹调方法。我可以在火锅里吃到几乎所有中国的食材,而且永远不会腻,因为组合千变万化。还有一个优点是,可以一个人静静地享受,也可以几个人热热闹闹地分享。"

我笑了,这个伟大的母亲为了勾起儿子对故乡的向往,真是煞费苦心。我笑嘻嘻地说:"她有没有跟你说火锅冬天能暖身,夏天能祛湿呢,清汤火锅还很滋补?"

他点头:"有,但是我没听懂。"

今天我那蹩脚的英语被我用到山穷水尽。不过他的中文也比我好不到哪里去。当他把"黄喉"读成"皇后","土豆"读成"秃头"时,我完全忘了矜持,放声大笑。还好周围都是大声说笑的人,我才不会显得那么另类。

他似乎也没觉得尴尬,只是朝我"呵呵"傻笑。我忽然觉得这个在和我隔着一个太平洋的国度里长大的男人其实蛮可爱。

邻桌忽然有人叫了一声:"呀,这不是赵馨吗?"我转头,看见那个让我讨厌的脸,李超。分手之后我总躲着他,结果还是不幸地在这里遇见了他。

我想假装不理他,他却不识趣地走过来:"你没有必要为了我剪短头发,真的。你这样对我念念不忘让我很内疚。"

张思恒忽然搂住我的肩膀,嘴角带着高傲不羁的微笑:"我喜欢短发,她才特意剪了头发。就你那个样子也不照照镜子,哪里配得上赵馨?"

我觉得自己大大出了一口恶气,所以憋着笑,斜看着前男友。大概是张思恒太帅,李超自惭形秽,再没说什么,红了脸悻悻地走了。

等李超一走,我立刻跟张思恒道谢。张思恒抿嘴笑:"他就是你那天喝得烂醉还大哭的原因?真是不值得。"

我红了脸,跟张思恒一比较,现在我自己都觉得自己有些不可理喻。

他却气定神闲地抛出了一句足以让我跳起来的话:"既然你要求那么低,就做我女朋友吧。"

3

我觉得老天一定是可怜我前一段恋爱太乌龙,所以补给我一场甜蜜恋情。张思恒英俊风趣，温柔体贴，几乎集中了我能想象到的优秀男朋友的特质。他带我去徒步，我和他在美丽的山林、峡谷中穿行。夜里就野外搭帐篷，然后用我们带来的铁锅和火锅底料烫煮我们在野外弄到的蘑菇、竹笋和鱼虾吃。那是另一类火锅，却更原始更美味，或许这才是火锅最初被创造出来时的状态。

我体验了与过去截然不同的有趣刺激的生活。他总是给我很多惊喜。比如他认识很多种蘑菇和植物，比如他能将随手捡来的木棍削尖，然后用它从小河中叉到美味的鱼。他解释说，他曾是童子军，而且习惯常年在野外生活的人会这些是很正常的。

我们走了好几天，终于在傍晚到了山脚下的一个小镇子。我们投宿在一个家庭旅馆里。洗漱之后，热情的老板招呼我们吃火锅。这个火锅是用骨头汤做汤底，然后煮上鲜美的牦牛肉，再配以蘑菇和野菜。所有高原和山林的美味都汇集到一起，让我赞不绝口，连汤底都喝得精光。听说这里几年前曾遭遇过强烈的地震，许多人的家园都毁于一旦。就连这间家庭旅馆也是灾后重建的。可是我在主人温暖的笑脸上看不见一点创伤，或许能静下心来享受美食的人才能最坚强吧。张思恒似乎也沉浸在美食中，一夜都不曾出声。

夜里隔壁张思恒的房间有动静，我便惊醒了。我起来走到窗口，正好看见他的背影消失在月光下。

我再也睡不着了，脑海里总盘旋着他晚饭时的脸色。等着他回来睡熟后，我悄悄起来穿上衣服，沿着他刚才走的方向去寻找，看他到底去了哪里。这个镇子只有一条石板路，路的尽头是一间小学。我在小学外看见了一面墙，上面贴满了在地震中逝去的人的照片。

当看见那个名叫艾玲的女子时，我的心跳加速。那是一个短发女子，有着温暖俏皮的笑脸，跟我年纪相仿。照片下的一行字刺痛了我的眼睛，那是很端正的中文字，写着："我永远爱你！"

这是张思恒的笔迹，我之所以认得，是因为这几个字还是我教他写的。多么讽刺！我哆嗦着往后退，像是逃跑一般仓皇地回到旅社的房间，然后睁着眼到天亮。

早上，在我竭力的伪装下，他没有起疑，说去买补给，让我收拾好东西等他。我一边吃早饭，一边装作闲聊向店主打听艾玲。

店主叹气说，这个艾玲曾在我们来的城市里读书。几年前她和张思恒一路徒步旅行来到这里。艾玲留下来当小学志愿者老师，张思恒说他回去办好签证和申请便来陪艾玲。

没有等到张思恒来，这里就发生了大地震。艾玲为了救孩子被压在废墟下再没出来。

店主以为我们是朋友，所以和盘托出，还笑着说我的背影跟艾玲很像，她差点认错了人。

我的心一点点碎成了片。原来他的中文是艾玲教的，只是时间太短，他没能学全。

我与他相遇的点点滴滴浮上心头。我总觉得和他在一起的一切都像是美梦，没想到醒来时却发现是个谎言编织的噩梦。他，不过是把我当作了她的影子，重复着他与她的一切。

4

我没有与他告别便独自用最快的方式回到了我的城市，然后辞职，离开了那里。我来到了海边的一个小镇，这里没有四川火锅。我留起了长发，我觉得已经忘了他了，所以当他又坐在我面前时，心中那钝钝的疼痛让我十分惊慌。

当时我正在吃清汤涮鲜鱼，这里叫打边炉，其实也是火锅的一种，却鲜美温和远不及四川火锅来得浓烈痛快。

他盯着我，一动不动许久才说："你总要给我个申辩的机会，再判我死刑吧。"

我不理他，接着往嘴里塞蘸了生抽的鱼肉。虽然再好吃的东西现在对于我来说也如同嚼蜡，但是我一定要吃得津津有味，似乎那样才能保住我仅有的尊严和自制。

他声音平淡，仿佛在说别人的事："我承认，那天我看见你时，是想起了她。但是我确实是把你当成了男孩子。我想，我跑过去拍一个男孩子的肩膀即便是认错了也不会怎么样，说不定还能交个朋友。"他笑了一声，接着说，"可是你的眼睛太纯净了，让我有种瞬时被看穿了的感觉，我对自己的自私感到羞愧，所以仓皇地逃了。"

我想起他将我拉到男厕所里面那一幕，也忍不住嘴角微微上扬。

他小心地说:"其实你除了背影,跟我表妹艾玲一点也不像。我带你去原本是想让她看看你,又怕你误会最后改变了主意,没想到最后还是弄巧成拙。"

我夹到嘴边的鱼块掉在了桌上,抬眼张嘴傻愣愣地看着他。

他探身过来,伸手用拇指将我嘴角的污浊抹净,红了眼说:"是的,我为了接近你是有些不择手段,但是一见钟情这种事情,我也控制不了。这原本是一场火辣辣的爱情,我这个笨蛋却差点烧糊了它。你能再给我一次机会吗?我就是那要念三遍三字经才能煮熟的美味,十秒钟便捞起来的话吃上去会有点怪。所以,请给我机会慢慢告诉你,我有多爱你。"

我已经泪流满面,拼命地点着头,任他将我紧紧地抱在怀里。

在婚姻里
再找一次爱情

1

"你说,我是不是该离开邵正则那个浑蛋?"沈又雪的这句话,把坐在她对面有些昏昏欲睡的我彻底吓醒了。

午休时,我被她一个电话叫到了这个咖啡馆里。作为发小本应该义愤填膺的我却猛灌咖啡也扛不住她絮絮叨叨一下午的催眠作用。

"啊?!"

对于她的提问,我睁大了眼睛一脸茫然。

沈又雪把她的话又重复了一遍,我才确认自己没有听错。

这个有什么可讨论的?你老公虽然不是狂炫酷拽的霸道总裁,但是他就跟他名字一样中规中矩,绝对是五好男人。你离开他就是个离异带着孩子的初老女人。他离了你,找个年轻漂亮的绝对不是难事。只要你沈又雪还有一点理智,都不会说这种蠢话!

我在心中咆哮过之后,强忍住把她一巴掌扇醒的冲动,开始琢磨着到底怎么样才能让这个昏了头的单纯女人认清事实,又不会伤害她。

"是不是你也认为这个婚姻就是个鸡肋?"

结果我的迟疑立刻被沈又雪女士错误地解读了。

"那个,你要不要再考虑一下。毕竟现在像他这样不抽烟不喝酒不花心,工资奖金全部都上交的男人不好找了。"为防止她自顾自地又把我的沉默当成了默认,我立刻出声劝她。

"还有什么好考虑的?我们之间已经没有爱了。"她拔高了嗓门大叫了一声。

"你到底觉得他哪里不好啊?小姐!"我呻吟一般地叹息了一声。

我意识到自己又错误地开启了另外一轮吐槽,立刻补充了一句:"简短一点。我马上要去接孩子了。"

"木讷,无趣,只爱工作,他根本就不爱我、圆圆和点点。截止到今天,他都整整三天没有回家了。"沈又雪泫然欲泣。

圆圆是他们俩的女儿,点点是他们家的斑点狗。

我悄悄看了一眼表。一个小时前,我就给邵正则发了短信:你老婆又在作了,你再不来,我就要疯了,你就要成离异人士了!

可是邵正则,这个离这里只有五分钟路程的骨科医院的主任医师，却到现在还没有出现。

活该你老婆要在这里骂你几个小时还不累！我在心里嘀咕了一声。

"就算我穿上最让人脸红的衣服在他面前晃，对他来说都还不如书房那个人体骨架模型来得有吸引力。"沈又雪咬牙切齿，气急败坏。

正借着喝咖啡掩饰心里被神兽来来去去践踏感觉的我听见她这句话，忍不住把嘴里的咖啡喷了出来。

这……我快憋不住笑出声来。

"雪，你又不是不知道，结了婚的男人就跟钓上了鱼的渔夫一样是不可能再给鱼吃鱼饵的。"

"我现在连死鱼都不是，我就是一根被吃剩了的鱼骨头。"

我还没有来得及安慰她，一个平稳到听不出情绪的声音在我们身边响起："我来了。到底有什么重要的事要把我从手术台上叫出来？"

Z

唉，邵正则偏偏选了一个最不恰当的时机，用最不恰当的表情出现。现在沈又雪正激动着，他这副不耐烦的样子岂不是更加刺激了她？我来不及骂邵正则就赶在沈又雪说话之前站起来，坐到对面按住她，对邵正则说："没事，你先坐下来，我们聊一会儿。"

"怎么没事？！"沈又雪瞪了我一眼就冲着邵正则大声

说,"你来了正好。平时我要骂你,你都没时间听。"

"嗯。"

"嗯什么?你就是这样,说一堆,你就一个字回答。我真的再也受不了你了。我们离婚吧!"

原本低头给自己倒咖啡的邵正则终于抬起头认真地问沈又雪:"你是认真的吗?"

沈又雪哆嗦着嘴唇,说不出话来。

邵正则能从一个农村的孩子考上医科大学,年纪轻轻当上主任医师,自然是能力超群,气场强大。只是他忘了,老婆不是属下,也不是病人,更不是某个需要攻克的难题,光有能力和气场一点用都没有。

我忙打圆场:"没有,没有,她咖啡喝多了,醉醺醺地说胡话呢。"

"是,我是认真的。我从来没有这么认真过。"沈又雪涨红了脸,在他的逼视下点了点头。

"你们两个不要冲动。"我对沈又雪拼命地使眼色。

把一个凤凰男调教成事业成功的男人,中间经历了多少酸甜苦辣,沈又雪比我更清楚。她无数次在半夜给我打电话哭诉公婆生活习惯有多么让人难以忍受,然后第二天又依旧对他们礼貌客气。就连邵正则的很多坏习惯都是沈又雪花了数年才纠正的。

"给我一个理由。"邵正则疲惫地揉了揉鼻梁,似乎不堪重负。

"因为你不爱我了。"沈又雪理直气壮。

"我努力工作,买了个这么大的房子给你住着,让你想买什么就买什么,还不够爱你?"邵正则喝了一口咖啡,微微皱眉。

"我跟保姆有什么区别?"

"保姆的名字不会出现在房产证和我们家户口本上,更不会拿着我的工资卡随便刷。我觉得,你就是太闲了。"

"你说说看,我们上一次面对面说话是多久以前?"沈又雪气急反笑,抱着胳膊冷冷地问。

邵正则端着咖啡杯的手僵在了半空中。

3

"不记得了?我告诉你吧。是两年前,你爸爸去世的时候。你刚好要出国进修没空操持后事。那一天,我们俩坐在书房,你告诉我你们老家的风俗,我用本子一条一条记下来。"

邵正则眼神波动,放下杯子,声音低沉地回了一句:"嗯。"

"我再问你,上上次我们俩说话超过三句是什么时候?"沈又雪连声音都有些颤抖了。

邵正则垂下了眼帘,不说话了。

"是三年前,你妹妹忽然说要来工作,我给她找了一个,她嫌三嫌四才干了几天就回家了。回去之后,她找不到工作又打电话来求我。我说她这样子,就是要吃一点亏才会明白,所以我不打算帮她了。你却跟我说,不要那么小心眼,再帮她找一个工作就是了,毕竟为了让你读大学,她连高中都没有上完。"

邵正则听见沈又雪的声音带着哽咽，抬头看着她，似乎有些惊讶。

沈又雪抹了一把眼泪，苦笑了一声："你那时说得好像买菜一样轻松，却根本就不知道我拉下多少脸面求了多少人。结果呢？我又帮她找了一个，她还是不满意。你父母还骂我对这件事不上心。"

"难怪，你会把我的家庭地位排在点点的后面。"

"呵呵，我一个十指不沾阳春水的独生女到了你们家，什么脏活累活全是我干也就算了，连坐月子的时候，我都要做饭给你父母吃。你父母什么都不管，只管跟我要钱。说到你的工资卡，我告诉你，你的工资还了房贷，给了你父母之后连我们的生活费都不够。如果不是我找点私活回来做，我们家里就揭不开锅了。我有时候甚至觉得，当年选择你就是一个错误！"

这一点我知道。沈又雪辞职做全职主妇之前是搞设计的。这些年表面上她待在家里，其实一直在赚钱。

趁着这个机会让他知道这件事也好，只是她最后一句话有些太过了。当年家境富裕的沈又雪家坚决反对她嫁给邵正则这个穷小子这件事一直是邵正则心里的一个疤。

我干咳了一声提醒沈又雪。

"你怎么从来没有跟我说过？"

"我敢吗？你有时间听吗？我要说你父母的不是，你就要说我搬弄是非。我怎么说？"大概是压抑了太久，沈又雪情绪有些失控。

邵正则沉默了。我这个外人也不敢出声又不好离开,只能尴尬地坐着。只有沈又雪的抽泣声在安静的咖啡馆里回响。

"如果,你真的觉得非要离婚,那就离婚吧!"邵正则沉默许久却忽然冒出来这样一句,把我都快急哭了。

该死的医科男,怎么这么死板!这个时候,你该放下身段,好好哄她,怎么能这么说,这样不是火上浇油吗?我暗骂了一句,刚要一声棒喝打醒这两人,沈又雪话赶话地回答:"好,明天就去办。"

"明天上午我有一台手术,要去就早一点吧。"

啊喂,这么重要的事情,两位不要像讨论晚上吃什么一样那么轻易就决定了好不好?我急死了,不知道是该先劝邵正则还是沈又雪。

"孩子、房子和钱都归我,除了衣服,你什么都不准带走。"

我看得出来,沈又雪现在后悔了,所以才会说这么绝情的话,其实就想邵正则拒绝,然后可以拖一拖。

"嗯,可以。我只有一个要求,先别告诉孩子和两边老人。"

邵正则回答得极其痛快,然后起身说:"还有一台手术等着我,我先走了。"

我伸出手想要拉住他。可是他走得极快,让我扑了个空。我尴尬地收回悬在半空的手,转头看着沈又雪。

沈又雪忽然放声号啕大哭。

我叹了口气：唉，我就知道，她根本就不想离婚，只是想让邵正则注意到她。可是邵正则那个个性，说一不二。现在好了，她活活把自己作死了。

4

邵正则第二天一早就开车带着沈又雪去办理离婚手续。我怕沈又雪出现什么不测，坚决要跟着他们俩一起去。

在民政局，沈又雪的眼睛总跟着邵正则转，眼神里满是哀求，看得我都鼻子酸酸的，很是于心不忍。

可惜邵正则一直躲在一旁打电话，看都没有看沈又雪一眼。

他们两个去办公室的时候，我被留在了外面。

离婚手续办得很快，邵正则离开的速度也很快。他就连送我们回家都懒得说一句，就跑了。他说怕沈又雪不小心把离婚证给人看见了，所以他先收着。

"这个浑蛋肯定是找别的女人了，不然不会这么痛快！现在离婚了，他求之不得，这会儿一定拿着离婚证去给那个女人看了。"沈又雪咬牙切齿。

就连坚决支持邵正则的我都有些犹豫了。

"唉，哭吧。都说女人结婚之后流的眼泪是当年挑老公时脑子里进的水。水流干了，就好了。"我抱着她拍了拍她的背。

送沈又雪回家的时候，我们发现邵正则已经把衣服全部搬走了。我知道医院给他配了一个公寓,他多半是把东西搬到那边去了。这些年他们表面风光,其实没有存几个钱。房子是登记在沈又雪一个人名下的,根本就不用去办手续。

现在想想,他离开这个家真是容易得很。

看着颓然坐在沙发里的沈又雪,我都不知道怎么安慰她。

一切变化得太快。虽然邵正则不常回来,但是截止到昨天这个家好歹还算完整。现在他把东西一搬走,这个家就立刻感觉支离破碎了。

"我太冲动了,他一定早就有离婚的想法,现在我先提出来,他就不会被人说是陈世美了。"沈又雪又伤心又后悔。

唉,怎么吵架都好,如果不是真的想离婚,千万不要把这两个字挂在嘴边。现在覆水难收,说什么也没有用了。我无奈地叹息。

沈又雪接了一大堆活,却完全没有了过去的冲劲,干到一半就开始发呆。不知道她想起了什么,竟然眼角湿润了也不自觉。

来她家陪她的我干笑了一声没话找话:"圆圆呢?不是应该放暑假了吗?"

沈又雪从呆愣中惊醒,垂下眼帘有些惊慌地回答:"嗯。我爸妈把她接过去了。现在家里就剩我一个人了,冷清得像冰窖。"

沈又雪的父母虽然不待见邵正则,对这个外孙女却疼爱有加。

听说邵正则在竞争副院长的职位。如果成功了,他将是骨科医院有史以来最年轻的副院长。

其实他们离婚那天晚上,邵正则给我发了短信,说他最近比较忙,要我帮忙看着一点沈又雪,不要做什么傻事。

那时的我松了一口气:总算是没有看错他,他不是那种铁石心肠的人,其实也很不舍。

但是我不打算把这件事告诉沈又雪,因为如果邵正则不打算挽回,就不要给沈又雪虚妄的希望。

"啊,那个,你要实在不想干活就别干了,我们带上圆圆和我家那个小子,把点点放回姥姥家,找个凉快的地方消消暑。"我握住她的手。

"嗯,也好。庆祝一下我又恢复自由。"她故作轻松地笑了笑。

你就死鸭子嘴硬吧。明明哭得眼睛都肿了好吧!我暗暗嘀咕了一句,催促她去接圆圆。

沈又雪给父母打电话,却被告知,今天早上圆圆已经被邵正则带去迪士尼乐园玩了。他们过几天才回来。

5

挂了电话,沈又雪气得手都在哆嗦。她立刻又给邵正则打电话。大概是在飞机上,邵正则的电话关机了。

"浑蛋,这几年你都干什么去了,现在才想起来跟女儿联络感情。难道你后悔了,还要把圆圆抢走?"沈又雪对着无人接听的电话骂着邵正则。

我也紧张起来,说不定他真的有这个打算。他开始答应孩子给沈又雪,没准只是想要稳住她。

此后的几天,沈又雪过得很煎熬,她甚至想要报警,只是被我按住了。现在告诉父母只能让他们也着急,所以她只能向我抱怨。

圆圆被送回来的时候。我和沈又雪都松了一口气。

我庆幸终于不用忍受狂躁的沈又雪时不时的崩溃。她庆幸曾经相濡以沫的两个人不用走到那么不堪的地步。

"你还好吗?"邵正则认真打量着沈又雪。沈又雪这两天不梳洗,也不好好吃饭,蓬头垢面,眼窝深陷,就像个疯子一样。

沈又雪一个手叉着腰,一只手自认为风情万种地撩了一下头发:"我不知道多好。说不定我马上又要再婚了。新郎就是我们班一直追我的那个。他的生意现在做得很好,我都等不及嫁过去当富太太了。"

那个男人倒是一直在跟沈又雪联系,只是没有她说得那么夸张。还好圆圆进屋去了,没听见。

现在她撒这种谎,不是断自己后路吗?我悄悄掐了一下沈又雪的腰。

沈又雪打开我的手,翻了个白眼。

"嗯,那就好。我可能不久也要成已婚人士。到时候请你务必要赏光。"邵正则点了点头,不咸不淡地回了一句。

啊,要死了,这是什么消息?我还期望着他们破镜重圆。我张大了嘴。

沈又雪也是满脸震惊，张大了嘴。

邵正则笑了笑。

沈又雪立刻恢复了镇定，笑了一声："呦，哪个女人这么倒霉啊？"语气酸得我倒牙。

"这个暂时保密。"

"既然这样，你还特地来看我干什么？把孩子送回姥姥家不就行了。"

"不，我来你这儿不是特地来看你的，而是因为从机场回来这里更顺路，节省时间。"

唉，该死的医科男。如果不是我知道他就是这种个性，一定以为他已经连这种顺水推舟的好听话都不屑于说了。

6

"我现在知道什么叫作白眼狼、陈世美了。"沈又雪坐在酒吧里拼命灌自己酒，一边哭一边说。

下午我们知道，邵正则已经成功升任了副院长。这就意味着他以后不用经常通宵做手术，工资也会高很多。

可笑的是，这件事不是邵正则告诉我们的，而是我们从骨科医院的网站公告知道的。

这真是很伤人啊！

我把酒杯从沈又雪手中抢过来，骂着她："现在哭有什么用？谁要你那么冲动？拦都拦不住！"

"我就是不甘心。他追我的时候信誓旦旦说要给我过好日子的，为什么说话不算话？"

我也喝了一点酒，所以也有些胡言乱语："你个傻女人，那是多久以前的事情了。现在帮别人培养好男人了吧？你说你都熬到这个份上了，什么不能忍？"

"我什么苦都能忍，就是不能忍受他无视我。他连正眼都不看我，话也不跟我说，我受的那些苦又是为什么？"沈又雪歇斯底里地叫了一声。

被触动了伤心事的我也忍不住抱着她一起哭了起来："你知不知道多少男人比邵正则更过分？他们明目张胆地背叛，那些女人都忍了。因为离婚对那种男人来说只有好处没有坏处。我们女人怎么这么可怜？"

从酒吧出来，沈又雪已经神志不清，像一摊烂泥；我的清醒度也仅限于能拿稳手机。

我想也不想就给邵正则拨通了电话要他来接沈又雪，然后又叫我老公来接我。

邵正则匆匆而来，从我手中接过沈又雪就走了。

第二天早上，我起床时揉着快要裂开的头才想起来这件事情不对，立刻心急火燎地拿着包赶到沈又雪家。

门半开着，怕撞破了他们好事的我悄悄站在门廊往里面看。

邵正则正在做早饭，脸颊红肿，上面有一个清晰的巴掌印。

沈又雪一边吃早餐一边哭着骂他："你这个浑蛋，乘人之危，坏了我的清白。"

邵正则好无奈:"明明是你自己把我按在床上的。"

"你不会反抗吗?我们已经离婚了,你只要给我一个巴掌把我打醒再拂袖而去,不就什么事都没有了吗?"沈又雪又气又羞,结结巴巴,最后还朝他扔了一个枕头。

我悄悄从门廊里退了出去轻轻关上了门,溜走了。

7

中午沈又雪找我吃饭,我装作不知道这件事,憋着笑看她一副气呼呼的样子。

一个女人忽然走过来,给沈又雪一束鲜红的玫瑰。

"你是不是认错人了?"沈又雪惊愕地张大嘴。

"你是不是邵副院长的夫人?"

"啊,曾经是。"

"那就没有认错了。前一阵子,他给我儿子腿部做了整整四十个小时手术。做完手术后,他就倒在手术台旁昏睡了过去。现在我听说因为他几天没回家被你赶出来了,特地买了花来替他赔罪的。请你不要怪他,他真的是个好人。"那个女人把花放在沈又雪怀里,鞠了一躬就走了。

我偷笑了一声。沈又雪喜欢这家的菜,如果不在家里吃肯定在这里。这一定是邵正则指使的。

如果邵正则那天把这些事情告诉沈又雪,她就不会那样冲动了。

沈又雪用指尖细细抚着花瓣,有些动容。我知道,这或许是结婚几年来,他第一次送花给她。虽然不是直接通过他的手,沈又雪也一定很感动。她许久才抬头冲我羞涩地一笑,拿起花束上的卡片打开。我好奇地伸头过去,看见上面写着:"对不起。"

"一定是因为他昨晚上在我那里过夜,怕我以后讲给他的新欢听,才想这样堵住我的嘴。"她从鼻子里哼了一声。

此后,几乎每天都有陌生的人出现送红玫瑰给沈又雪。这些人都是邵正则病人的亲属,说法都一样,让沈又雪原谅因为太忙而不回家的邵正则。

沈又雪的惊喜已经变成了气急败坏。她在又一次接到花之后立刻给邵正则打电话:"你什么意思?放心吧,我没有那么大嘴巴,我不会告诉任何人的。"

邵正则不置可否,只是说:"晚上有几个同事要来家里庆祝我升职。我没有告诉任何人我们离婚的事。你能不能配合一下?毕竟如果刚升职就曝出离婚,对我的影响不好。"

哦,原来是为了这个。别说沈又雪,我都很生气了。

"可以,没有问题。我再帮你隐瞒一个月,然后我们各自嫁娶,互不相干。"沈又雪气呼呼地挂了电话,把花扔到了垃圾篓里。

8

我接到了邵正则的邀请电话,让我和老公去他家一起庆祝。我到的时候,邵正则的同事已经全部到了。

"邵夫人,你好有福气。邵副院长可是我们医院公认的好男人。"有几个女医生围着沈又雪七嘴八舌地说着。沈又雪小心翼翼地应付着,仔细打量每一个人,想要从中找出情敌。

邵正则这种工作狂,要是真的有了新欢,也肯定是身边的同事。其实我也这么想。

"我才是好福气。多亏了又雪这个贤内助,我才能这样一心扑在工作上。连袜子和内裤都是她帮我洗。"邵正则把沈又雪从那些女人手中解救出来,搂在怀里。

虽然知道他有可能是演戏,但是听见他这么说,沈又雪还是忍不住鼻子发酸,没有挣扎而是转开了头。

大家说说笑笑一个晚上,他们两个没有露出一点破绽。

离开的时候,我朝沈又雪使了个眼色:如果说要破镜重圆,现在是最好的时机。

沈又雪见我都走了,立刻把邵正则往外推。

"干什么?"邵正则理直气壮地一脸莫名其妙。

"让你走啊!难道离婚了你还想住在这里让我伺候啊?我自己会收拾屋子,不敢劳烦你这个大忙人。"沈又雪瞪着眼睛丝毫不让步。

听到沈又雪的这句话,已经走到电梯门口的我停下了脚步,竖起了耳朵。

"今晚上又不要加班,我当然要睡在自己家里。"邵正则绕开她,坐在沙发上,抱着胳膊,语气还是那么冷静。

"什么自己家?你不要搞错了!我们离婚了,这个房子是我的。难道你想反悔,要追回房子?"沈又雪叫了起来。

"谁说我们离婚了?"邵正则的语气里终于带上了一点无赖的口气。

怎么回事?我歪着头好惊讶。

"你你你,一个月前我们才去的民政局办的手续,你竟然连这个都想否认!"沈又雪已经语无伦次了。

"你是说这个吗?"

被好奇心驱使的我溜到门边正好看见邵正则从怀里掏出两本红艳艳的结婚证。

沈又雪瞪大了眼睛。

邵正则起身关上了门。

隐约传来几声沈又雪叫骂的声音后,屋子里忽然安静了下来。我捂着嘴偷笑,拉着老公走了。

9

我再见到沈又雪的时候,她神采飞扬,容光焕发。

"怎么样?院长夫人,你果然还是斗不过院长吧?"我打趣着她。

她红了脸嗔怪地拍了我一下:"讨厌,你肯定早就知道了!"

她告诉我,去民政局那天,原来邵正则一直在打电话找民政局的朋友,请对方联系当天刚好在离婚窗口值班的人。

他跟那个人说,沈又雪是一时气糊涂了,他们根本就不想离婚。还拜托对方给了他两本空白的离婚证,不要销毁结婚证,过后他再来找对方取。

真是,好坏!不过干得漂亮,我喜欢。我笑嘻嘻在心里赞了一句。

那种情况下,就算是邵正则想要挽回,都不知道该怎么辩驳沈又雪的话。

邵正则说,这些年让沈又雪受了许多委屈,他很内疚,所以就顺水推舟让她发泄一下。而且两人分开,便于让大家都冷静下来,好好考虑一下他们的婚姻。他还承诺以后会尽量多回家,陪沈又雪和孩子。他的家人毕竟是亲人,请沈又雪看在他的面子上,多担待。

这些话,是个女人都拒绝不了。

"我觉得,他远比表面要奸猾。"我愤愤地总结。

沈又雪想要气呼呼地赞成我:"嗯,我也觉得。我是太轻敌了。谁想到他死板了几十年,会忽然玩这么一出?"

我们相互瞪着,最后却忍不住一起笑出了声……

傻傻的姑娘运气好

1

我在宿舍排行老二,因为看上去有些傻乎乎的,所以室友们常用一种很戏谑的口吻叫我"老二"。因为听着太怪异,在我央告之下,她们才改口叫我"小二",结果还是总觉得哪里不对。

刚上大一的时候,女生们对爱情十分憧憬,只要有男生来约,只要对方看着不那么恶心,就会屁颠屁颠地答应了。我也不例外。我们班的班长在第一次班会的时候,语重心长地提醒那些痴迷于游戏,对精心打扮的女生看都不多看一眼的男生说:"同学们,我们班只有九个女生,肥水不流外人田啊,大家要行动起来。"

男生们终于抬起头,有些人眼睛发亮地把所有女生挨个看了一遍，有些人目光呆滞接着低头打游戏。

班长又盯着那些眼睛发亮的男生说："如果是谈恋爱，请大家一定不要打一枪换一个地方，要发挥电钻精神，逮着一个就一定要钻到底。"

全场静默三秒钟之后，发出了雷鸣一般的掌声。

我没有想到班长锁定的第一个目标会是我，所以在他约我看电影时，我有点蒙。多年后他告诉我，其实他选我，跟传言中的"眼缘"和感觉什么的一点关系也没有，纯粹只是因为我看着最呆，最好得手。

确实，那时我连谈恋爱到底是什么都不知道。

或许，那就跟交朋友差不多吧，不然怎么叫男朋友、女朋友？我自己这样琢磨着，却不好意思问别人。

到了电影院看见电影预告上有恐怖片的时候，我立刻选了恐怖片。因为长这么大，我还没看过恐怖片。

班长意味深长地看了我一眼，然后一整场电影都身体紧绷，随时准备着我会尖叫着扑到他怀里。他猜到了开头，却没有猜到结局，我确实被吓坏了，却没有任何动作，因为我已经被彻底吓傻了。开场三分钟，银幕一个女鬼跳出来的时候，我就已经处于脑回路被烧坏的状态，瞪大了眼睛，眼神空洞，一动不敢动。

"那个呆子原来是个老手，竟然会欲擒故纵。有意思。"把我送回寝室的班长回到寝室跟室友这么说。

其实他真的误会我了。我压根没想过要扑到他怀里，倒是想过拔腿就跑，但是又怕他说我选了这个电影不看完浪费钱以后不找我玩儿,所以我才倔强地用那种怪异的姿势坚持到了散场。

Z

约了几次之后,班长发现我们之间的关系好怪异,决定不绕弯子了。一天看完电影,他把我带到了学校最隐蔽的角落。我看得出他很紧张,傻傻地问:"你是不是要跟我借钱?"

班长咬牙跺脚,一下捉住了我的手:"借什么钱?别装了。"

我本能地就甩开了。班长恼了:"你既然跟我约会,就是答应做我女朋友了,怎么连手都不让我牵?"

"我不喜欢你牵我的手。"别的事情我很迷糊,这件事情我却很清楚。虽然觉得跟他看电影吃饭什么的,没关系,但是他一离我太近,我就会浑身起鸡皮疙瘩。

"不喜欢也要牵,你是我女朋友。"

"原来这就是女朋友?那我不干了,谢谢你请我看电影。"我很坚决地回答了他,然后扬长而去。

据说班长回去之后看了一晚上星星。他说我对他始乱终弃,我跟他约会只是为了看免费电影,还说我常向别人抛媚眼,所以他约我的时候,还有人给我递情书。

一个大男人声泪俱下,如果不是被伤透了心还能是什么?而且,毕竟他是第一任班长,大家觉得他说的话还是很权威的。

神经大条的我原本没有发觉异样。有一天,我从门口进去的时候，发现宿舍女生正激烈地讨论着什么，于是凑过去问："有什么好玩的，说给我听听？"

大家立刻停止了讨论，互相交换眼神，各自散开。这时，我才发觉不对，追着孙蕾蕾问："到底怎么啦？"

孙蕾蕾哼了一声："啧啧，你这种手段高明的交际花，我们可不敢跟你说任何事。"

我愕然伫立，仔细回想，班上同学看我的眼神最近确实不一样。大家都在躲着我，好像我身上有致命病毒。

"为什么这么说？"这种莫须有的罪名着实让我很委屈。

"你就不要再残害祖国的花朵了。"孙蕾蕾说得有些阴阳怪气。

我莫名其妙："什么残害祖国花朵？"我比较粗心，绞尽脑汁回忆自己干了什么坏事。左思右想，我觉得除了动静大吵到别人睡觉以外，好像也没有做什么伤天害理的事情。

"班长那么好的人，你竟然都玩弄他！"孙蕾蕾义愤填膺地说。

"三八节"的时候班长用班费给每个女生买了一朵玫瑰，女生们对他印象都不错。

"玩弄……"这个词像是雷声一样在我脑海里回响，让我瞬间觉得自己就是那应该被捉去浸猪笼的坏女人。

从此我变得沉默寡言了。宿舍的女生不理我，我就独自进出。没人跟我玩，我就每个社团都去报名填满课余时间。

同宿舍的女生都被男孩子约走了，独独没有人来约我。其实也不是没有人给我递情书，只是我接受了教训，拿到情书看也不看就撕了。有些男生受不了,当时就哭着跑了。可是就连这样,我还有绯闻传出来。只要跟我有一点关系的男生,便会被说成是我的男朋友。

按照他们的逻辑,如果不是我曾经对那些男人示好,那些男生怎么会跑来追我?

于是,我那见异思迁的名声越发响亮。

3

在舞蹈和篮球上,我其实没什么天赋。但是愿意花时间、吃苦练习的女生太少了,所以我竟然成功地混进了舞蹈队和篮球队。

舞蹈队老师说我的腰腿僵硬得像80岁的老太太,不过还好节奏感强,就做备胎吧。篮球队教练说我个子矮小到几乎可以忽略,不过还好灵活,那就做替补吧。反正女生打篮球,大半时间都在揪头发满地滚。

晚上大家都去逛街、约会,我除了练习就去上晚自习。我的大学生活瞬间就充实了。

大概是因为我太刻苦,舞蹈老师竟然不忍心撇下我,在最后一天决定国庆演出名单时,他像是无意一样地说:"你就站在队伍最后凑凑数吧。"

于是我出现在了国庆晚会的舞台上。摘掉眼镜,化了妆,又穿上演出服装的我,大概比平常要吸引人很多。男生眼睛都直了。女生除了嘲笑外,更多的是嫉妒。

因为出了一次风头,我成为了所有女生的公敌。追我的男生多了很多,多到让我害怕。班长又跳出来在男生宿舍里面宣传我的"罪行"。那些追我的男生又立刻像是被秋风吹过的树叶一样瞬间少了。

孙蕾蕾阴阳怪气地说:"哎哟,果然女生还是要内在美。不过有的人就是靠化妆,外在也不见得多美。"

这一点我比别人都清楚,我长得很普通,卸了妆就是路人甲。

宿舍的赵丽娟是女子篮球队队长,她暗示教练,说我拉低了整个球队的水平。教练语重心长地对我说:"你就自己平时玩一玩吧。你的水平确实不够打比赛,所以你自己退出去吧。"

我成了笑话,在当了无数次比赛的替补,却一次球场都没有上就被篮球队清扫出门了。

那天晚上,我很想哭,却又不想被孙蕾蕾她们看见,所以就拿着篮球到了球场。

篮球场黑漆漆的,只能勉强看见篮筐。我用篮球用力地一下一下砸着篮筐,来发泄心中的郁闷和委屈。

隔壁的球场也有人在练习,只是比我要不紧不慢得多。运球和投篮的声音,一听就是个老手。

有了那个声音的陪伴,我的心渐渐安定下来,精疲力竭之后,我才拿着球回去了。

以后,我心里一不舒服就去篮球场砸篮筐。那个人似乎每次都在。有一天我竟然把球扔到他那边去了。

"完蛋了，黑漆漆的，说不定砸到他了。"我小声惊叫了一声，在心中哀叹。

我听见了利落的接球声，有个好听的男声悠悠地从那边传来："小姐，篮筐跟你有仇啊，要这么用力？"一个人拿着我的球慢慢从那边走过来。

我尴尬地说："不好意思，有没有吓到你？"

看清楚了来的人，我忍不住瞪大了眼睛。韩楚天？校篮球队队长？这些天跟我一起练球的竟然是那个又帅又酷的韩楚天！

我参加的那几次比赛唯一的收获就是把篮球队所有成员都记住了。

"其实你挺聪明的，知道以你的个子篮下突破肯定不行，抢篮板球也会被人踩在脚下，所以你才练远投。但是你这样胡乱砸是扔不进去的，要学会用巧力，姿势要规范。"

其实我只是想发泄，我一点要练习的意思都没有。可是我知道，他一定把打篮球这件事情看得很神圣，我要是实话实说，绝对没有好果子吃。所以，我呆愣地回了一句："哦。"

他扬手压腕，篮球在空中划了一个漂亮的抛物线，准确地落在了篮筐里。

"哇哦！"我不由自主发出惊叹。

"嗯，你照着练吧。"他嘴角带着一丝得意，抛下一句话就想回去接着打球。

我拿着球照他的姿势把球扔向篮筐，然后还是扔飞了。

他叹了口气，转身捡了球，又回到我身边，手把手教我。

我的心扑扑乱跳,脑子里也是懵懵懂懂的,完全不知道自己后面干了什么。

回到宿舍躺在床上,我才意识到,传言中那个内向寡言的校草,竟然主动来教我打球了!果然传言不可信。或者说,是我打得实在太差劲了,让他都看不下去,才破例教我。

4

学院要举行三人篮球赛,一个班男女各一个队,可以请外援。

我热切地表达了想要为班级做贡献的意愿,可是没有人理我。

也是,这种出风头的好事,赵丽娟、白素和孙蕾蕾她们是绝对不会让给我的。

让我惊喜的是,有个班找到了我。她们说,她们班一共才两个女生,所以想要邀请我帮忙凑足三个人。我憋着一口气,立刻就答应了,然后干劲十足地开始练习了。

我们组的队真是惨不忍睹。一个连球都不会拍,一个更好玩儿,只要有人靠近,她就会吓得把球都扔了。

我们一定是最后一名。我好泄气。

晚上,我照例去球场,每天都来教我打篮球的韩楚天跟我说,三人篮球赛跟正式篮球比赛不同。从中场发球,运球距离很短,哪个队率先投进三个就算赢。专业的篮球队员接到球之后会直接三步上篮,所以我们要按照常规打法,根本就没有胜算。所以,我们要出奇招。

我问什么奇招。他却说保密,还要我只管练好三分球,其他什么都不用管。

我在他嘴角看见一丝坏笑,忽然觉得就算是输,我也要上!

比赛那天我好紧张。我用五毛钱打赌,我们有80%的机会会在第一轮淘汰,20%的机会能挨到第二轮。

开场后,我们抽到了先发球。在场边观战的韩楚天,对我指了指三分线和中线。我忽然明白了。

我的队友发球,传给我之后,我直接一个三分入筐。全场静默了一秒钟,然后发出雷鸣一般的欢呼声。担任这次比赛裁判的篮球队教练都蒙了。

三分钟,我们就解决了对手,然后再用三分钟又解决了下一个。一路过五关斩六将,竟然冲到了最后跟赵丽娟她们打决赛。

班长在场边冲我大叫:"你这个叛徒,不要再帮敌人了。"有些人跟着起哄。就连平时跟我关系还过得去的那几个女生都有些愤愤的神色。

我咬紧了牙关:"真是造化弄人,我原本只是想出口气,没想到最后竟然真的成了全班的公敌。"

韩楚天凉凉地看了一眼我的班长。班长立刻缩着脖子,不出声了。

开场两分钟,我进了两个。全班都开始骂我。我看了一眼韩楚天,韩楚天的眼神很复杂,似乎有些心痛和不忍。我忽然好想哭。

教练过来拍了拍我的肩膀低声说:"可以了。"我知道她的意思。如果被我这种投机取巧地赢了校篮球队的主力,她的脸都没处放。

我不再抵抗,任赵丽娟她们进攻,一连投进了三个。

赵丽娟她们赢了,却没有一点高兴的样子。全班人离去的时候,看我的眼神好奇怪。

韩楚天走过来,摸了摸我的头发:"很不错,比我预想中要好。"

我的队友走过来对韩楚天说:"韩楚天,你的战术真不错,你推荐的人也很好,不然我们班根本得不到这么好的成绩。"

我的心凉到了底。啊,原来他是为了利用我。我说我怎么会有这么好的桃花运?我咬牙红着眼,扔了球跑回了宿舍。

"呦,英雄回来了?帮别人赢了比赛好开心吧?"孙蕾蕾对我冷嘲热讽。

我像是没有听见,不顾一身臭汗木然地爬到了床上,躺了下来。

"孙蕾蕾,你行了吧!仔细想一下,本来就是你们不要她的,她还不能去参加别的队吗?再说,她最后不是让你们赢了吗,还要怎么样?"康炜彤,唯一一个对我还有几分好感的室友实在是看不下去,出声对孙蕾蕾说。

"就是,得饶人处且饶人。"一向有正义感的章小青也替我鸣不平。

"适可而止吧。"郭睿懿也冷冷出声。

孙蕾蕾不敢犯众怒,瞪了我一眼,闭上了嘴,走开了。

她们说什么都无所谓，最伤我心的是韩楚天。我望着天花板，眼泪从眼角无声地流下打湿了枕头，却咬紧了唇倔强地不肯哭出声。

5

"903，顾芊芊，下面有人找。"不知道睡了多久，我被宿舍阿姨洪亮的声音吵醒。

我揉着有些乱的头发，走了下去，然后看见韩楚天拿着一大束花站在宿舍门口。

以他的个性，要这样捧着花接受别人来来往往的注目礼，真是难为他了。不知道他在等哪个幸运儿呢？我心里有些酸，不敢向前了，探头出去看看还有没有别人。

"这里啊！"韩楚天好无奈。

我瞪大了眼，指了指自己的鼻子。

他几大步走过来，把我一把拉了出去，然后把花塞到我的手里。

我红着脸，觉得那一束鲜红的玫瑰像是烧红的烙铁一样烫手，立刻又塞回给了他："其实我对你利用我一点也不生气。我还要谢谢你给我机会让我为自己争一口气，怎么想，我们都是双赢。更何况，你还教我打球了。所以你不用送花给我赔礼道歉。"

"都说你看着有点呆，没想到是真的呆。我这是在向你表白，你看不出来吗？"韩楚天有些恼羞成怒了，把花又塞了回来。

"啊？"我的手哆嗦起来。

"嗯，请你做我的女朋友，你不要拒绝哦，不然我会在地上打滚哭闹的……"他半开玩笑地说。

"我要是接受了，会不会害了你？你知不知道我的名声很臭的！"

"胡说，我只知道你们班有个疯子，整天在说你始乱终弃，自己却换着女生追，真是够了。不过倒是要谢谢他，如果没有他，我还记不住你的名字。"韩楚天哼了一声。

头上的窗子里冒出几个人头。不用回头我都知道那是我们宿舍的女生。

韩楚天坏笑了一下，忽然一步上前，把我搂在怀里。

我瞪大了眼睛，僵硬得像木头。

"你现在应该抱着我的腰。"他"好心"地提醒我。

"哦。"我伸手抱住了他的腰，咧着嘴望着天空笑了。

所有人都不看好我们的恋情。她们对我的厌恶还直接波及了韩楚天。他的仰慕者少了好多，就连穿衣服，都会被人挑剔和嘲笑。比如，那天我穿红裙子，恰好韩楚天穿着黄T恤，她们就会笑我们是红绿灯。

我好恼怒，却没有办法，只能满怀歉意地对韩楚天说："对不起，连累了你。"

"说什么傻话！我们又不是人民币，怎么可能让所有人喜欢？无聊的人多了，不要浪费时间在他们身上。你只要看着我，听我说就行了。"他嗤笑了一声，吻了吻我的额头。

6

她们还是挑剔我,说我约会回来晚了,打搅她们睡觉,其实她们自己看漫画常常看到凌晨一两点。

她们说我们肯定很快就分手。韩楚天那么帅怎么可能吊死在我这棵歪脖子树上。就算韩楚天不踢了我,我这种水性杨花、喜新厌旧的女生也会脚踏两只船,然后被韩楚天发现,悲惨分手的。可是性格各异的我们两个却不理会任何流言,默契地慢慢向对方靠拢。

她们说韩楚天在下面叫我的声音太吵,他就给我买了个最便宜的手机,然后我成了宿舍第一个有手机的人。这让孙蕾蕾和赵丽娟更加嫉妒得发狂。就连自认为跟我们不是一个档次的白素都多看了我几眼。

郭睿懿织围巾的时候,我也抽风学了几天,然后花了几个晚上给韩楚天织了一条。围巾上全是洞,有点像渔网。我却觉得很好看,献宝一样得意扬扬地给他。

韩楚天笑嘻嘻地收下了,然后放在箱子底,从来不戴。他说那是他的宝贝,他不舍得拿出来弄旧了。我知道,他这么说其实是委婉地表达了"这条围巾好难看,但是我喜欢"的意思。

我比较刻苦,他比较喜欢玩,那他就会先去疯够了再来陪我上自习。

我的话比较多,他比较沉默,所以我们在一起,很像新闻发布会。要么就是我说，他听，要么就是我问一句，他说一句。这种交流方式的结果就是，我跟他认识了一年才知道，他还有个哥哥，跟他认识了两年才知道，他竟然还有个妹妹！

我嗔怪他不主动交代自己的情况。

他很委屈地说："你也没问我啊！"

我听见这句回答之后，内心泪流，表面还要假装死猪不怕开水烫的镇定。

我实在是没话说的时候，也会问他一些恋爱中的女人常问的无聊问题，结果最后都让自己哭笑不得。

"你为什么不去追校花？"所有人都疑惑他竟然会来追我这个各方面都不突出的女生，也奇怪啰啰唆唆的我，竟然能和一整天说话不会超过十句的他总待在一起还没有疯掉。

"你长得不算漂亮，但是还算可爱，而且校花不一定比你有趣。"他面无表情地回答我，一点也不像开玩笑。

"原来我只是有趣？难道我在台上表演的时候不是容光焕发,魅力四射吗？"我心虚地追问，想要听到几句赞美的话。

"嗯，你在台上笑得好假，我在台下看着快笑疯了。"韩楚天抽了抽嘴角。

"你一定是在宿舍就听说了我的艳名，然后又在篮球队看见了我的英姿，所以被我迷住了，对不对？"我还在做垂死挣扎。

"嗯，你打球的样子也很可笑，上蹿下跳，张牙舞爪，像只抢桃子的小猴子。而且你不知道得罪了多少人，名声真的不好。有人说你抠门又贪小便宜，天资很差脾气还倔……"

我的父母都是普通工人，自然不能像大城市来的孩子那样大手大脚的。其他指控我真的无言以对。

"那你的意思是原本不打算追我，只是因为内疚才买花，现在骑虎难下了？"我恼羞成怒，打算撒泼。

"不，我原本就打算追你。可是听说你拒绝了好多人，我有点害怕，所以在等机会。"

"你……"

"听说你晚上常一个人在篮球场练球，我去守了几个晚上，才终于等到你。"

"哦，原来那是有预谋的。如果我的球没有扔到你那边呢？"

"那我就会扔球过来砸你，然后跟你道歉。"

"你、好、坏……"我咬牙切齿。

7

大四的时候，我被保送读本校的硕士。一共四个名额，其实我的成绩排名并不在前四名。我能保送，是因为综合评分刚好进了前四。也就是说，当年我折腾的那些社团，出去演出都为我加了分。

老天总会用你意想不到的方式回报你的努力。我越发深信这一句话。

同学们又说："韩楚天找了工作，小二读研究生。两地分居，他又那么帅，追他的女生肯定不会少，他们铁定会分手。"

可是我们两人在这三年里，不知疲惫地往返于两地，在我毕业的时候,我就迫不及待地奔向了他。我们结婚了,生了两个可爱的孩子。掐指一算,十年同学聚会的时候,刚好是我们认识的第十三周年。

孙蕾蕾说:"我还欠你一个对不起。我那时太孩子气,而且我也有点嫉妒。"

我笑呵呵地回答:"没什么,其实我要谢谢你们让我的承受能力变得格外强。你们知道韩楚天说他喜欢我什么吗?他说他就喜欢我那副打不死的小强的样子。"

班长说:"我也欠你一个对不起,其实我只是有点伤自尊,好面子。"

"不不,我还欠你电影票钱,其实早该还给你了。"我掏出钱包,拍上一百块,"连本带息,还你一百。"

"不不不,你还不如陪我喝一杯,不然我就无地自容了。"班长摆了摆手。

同学会散了,我有点醉醺醺的。韩楚天来接我,皱眉替我擦干净我嘴角的酒渍。

我忽然想起刚才和郭睿懿提到织围巾的事情,便质问韩楚天:"为什么我给你织的围巾你从来不戴?"

"广州热死人了,哪里需要戴围巾?"他装傻。

"哦,原来是这样。你就为了不戴围巾才选择广州的,还把我也拖过来了。"

"别说傻话了,我明明是因为你喜欢吃芒果,才来这个一年之中有半年都是夏天的城市……"

有些事情回不了头，
那就挺直胸膛往前走

1

我的朋友韩心茹，开了一家美容院，都快40岁了，皮肤却嫩得像20几岁的小姑娘。我说，她就是店里的活招牌。

在我看来，韩心茹一定是天下最幸福的人。她的儿子小正，才上初二，又高又帅，像个明星。小正懂事又讲礼貌，每次遇见我，都会很殷勤地打招呼。韩心茹的老公叫赵又斌，跟她识于微时，如今事业有成。赵又斌虽然回来的时间少，但是最常说的话就是："赚钱有我，你只要开开心心就好，别让自己太累了，美容院的事情就当是打发时间。"

赵又斌虽然有钱，却绝不是为富不仁的那种，非常仗义，所以朋友很多。怎么看，他都是万里挑一的好男人。

我常常对她表示羡慕嫉妒恨："啧啧，这个世界真是不公平，怎么所有好事都让你一个人占全了。"

韩心茹温柔地笑着，红了脸细声细气地回答："你也很幸福啊，为什么要羡慕别人？"

她这么温柔地嗔怪我，倒是弄得我不好意思再酸她了。

这一天我去店里做美容，忽然发现她眼圈红红的，忍不住追问了几句："你怎么啦？是不是孩子淘气了？这个时候的男孩子正在叛逆期，多少都会有点难以理喻。"

韩心茹勉强笑笑，不置可否。

店里面的美容师，一个小姑娘，却忍不住替韩心茹打抱不平："哪里是儿子啊，小正不知道多孝顺！是她那个老公，在外面找了别的女人，都一年了，竟然瞒得滴水不漏！如果不是现在那个女人找上了门，我们老板还蒙在鼓里。那个男人每次说去出差，有一半的时间都在那个女人那里，好过分！"

没有想到这种在电视剧上才能看见的狗血事情，竟然会发生在我的朋友身上！我惊愕得张嘴结舌，一时之间不知道说什么好。

韩心茹立刻站起来，走到了里间。

唉，她的个性就是这样。要是我，都到这个份上了，早歇斯底里摔东西骂娘了。她却还这么隐忍，生怕被人看出来她有一点失态。原本被气得脑门子疼的我也只能叹息了一声，忍着气追进去问："你打算怎么办？"

韩心茹垂着眼说："我跟他说要离婚，他不肯，说他是一时糊涂，还承诺会跟那个女人彻底断了。"

我气得笑了起来:"哪个出轨的男人不是这样说?他肯定还会说'朋友都在外面有女人,独独我没有,显得很没面子,她年轻温柔又善良,所以我才跟她在一起'。你绝对不要相信他。以你的条件,离了婚再找一个比他更好的一点问题没有!"

韩心茹红了眼眶,喏喏地说:"他都跪下来哭了,我实在狠不下心。再说,我们要是离婚了,小正怎么办?"

我一时语塞:"是啊,韩心茹可以再找一个男人,小正却换不了爸爸。"这件事情,还真的只能让韩心茹打落牙齿和血吞,忍下来。

"呼!要是他不再找那个女人,心里还有这个家,你也就原谅他一次吧。"我只能这样安慰她。

2

那个女人叫李蕊,是赵又斌在饭局上认识的,大概是合作商的秘书之类的人物。因为知道了韩心茹老公有几个钱出手又大方,她就巴巴地贴了上去。

我不知道赵又斌怎么跟李蕊断的,我只知道,他回来的次数多了,而且一回来就抢着做家务。

"浪子回头也难能可贵。你就当是他开了个小差现在又归了队,不要再跟他计较了。"我心里不舒服,却也只能这么说。

韩心茹依旧温柔地笑,只是脸色再没有过去的光彩,还隐约透着担忧。

我们都以为这个事情到此为止了,直到李蕊又打电话来。李蕊哭着哀求韩心茹,说她怀孕了,孩子需要爸爸,她不想生个野孩子出来,请韩心茹放手。

我刚好在韩心茹家里,立刻抢过电话冲李蕊吼了一声:"你活该,破坏别人家庭的时候,怎么没有想到会有现在的下场?"然后猛地挂了电话。

韩心茹不出声,只坐在沙发上发愣,身影单薄得好像随时都会消失。

我心疼地握住她的肩膀:"别想她了。这种女人,自己不自重,怨不得别人。"

韩心茹许久才深吸了一口气:"我担心赵又斌狠不下这个心。他一直还想要一个孩子。"

韩心茹果然是最了解赵又斌的。赵又斌开始明目张胆地在两个女人间来去。

我气得给赵又斌打电话:"你什么意思啊?舍不得那边就跟韩心茹离婚啊!这样折磨韩心茹算什么?"

"我不会跟韩心茹离婚的,韩心茹才是我的妻子。一切等孩子生下来再说。"赵又斌说完就挂断了电话,不再接我的电话。

李蕊得寸进尺,半夜也打家里的电话来骚扰。韩心茹拔了电话线,李蕊又从赵又斌手机上查到了韩心茹的手机号码,发短信来威胁韩心茹,说如果韩心茹不离婚,她就要去小正的学校找小正。

韩心茹坚决要离婚,而且也不许赵又斌再回家。她跟小正说爸爸出差了。如果赵又斌要看孩子就去学校门口。

听赵又斌的朋友说,李蕊在赵又斌面前也不消停,整天哭,医院保胎都去了好几次了。赵又斌怕伤到孩子,所以任李蕊折腾。

见赵又斌不肯离婚,李蕊像是疯了一样,一天打几次电话来家里面。韩心茹生怕被小正听见,所以不敢回应,只是沉默听着,或者直接挂掉电话。李蕊就发她守在学校门口拍到的小正的照片到韩心茹手机上。韩心茹心力交瘁,担惊受怕,整夜失眠,一下苍老了10岁。

赵又斌被忍无可忍的韩心茹叫到店里来的时候,我也在。赵又斌瘦了一大圈,精神很不好。

"痛快一点,跟我离婚吧。我们不要再相互折磨了。"韩心茹脸色很难看,就像一颗原本光彩夺目的珍珠蒙上了灰尘。

"对不起。"赵又斌哆嗦着嘴唇,许久才说话,"我是真舍不得你们,又撇不下那边。原本想两全其美。"

"两全其美?无耻!"我咬牙切齿地低声骂了一句。

赵又斌低下头,对我的责骂不做任何回应,走了。

3

他们离婚了,赵又斌净身出户。小正还被蒙在鼓里,赵又斌的父母坚持要跟韩心茹一起住。他们说,就是死了,也只承认韩心茹这一个媳妇儿。

老人家的苦心,韩心茹知道。他们以为这样,赵又斌就可以名正言顺地回来,然后又跟她复合。韩心茹不忍心把老人家赶出去,也就装傻随他们去了。

老人的支持和认可却一点也不能冲淡韩心茹的忧伤。就连我这个局外人,一想起韩心茹的事情都忍不住唉声叹气。也是,自己最喜欢的童话结局被人改成了悲剧,我怎么会高兴得起来?

离了婚,赵又斌回这个家的次数却比过去还多了。当然,他每次都是打着看儿子,看父母的旗号。赵又斌给儿子和老人买东西,也会"顺便"给韩心茹买名贵的包包和首饰。而这些东西,都是过去韩心茹不舍得买的。

韩心茹却每次在一转身就把这些东西又寄回给了赵又斌。

"你这是干什么?我只是想补偿你。"一次,我听见赵又斌在韩心茹的店外问她。

"赵又斌,你觉得这样做有意义吗?这些东西就能补偿你对我的伤害吗?或者,是你认为我们还有回头的可能?"我第一次听见韩心茹用这种语气跟赵又斌说话,所以有几分诧异,不由自主竖起了耳朵。

"这种事情,没有绝对。"赵又斌回答得很含糊。

"赵又斌,就算那个孩子生出来了,你跟她分了,我也不会跟你复婚。"

"韩心茹,我心里只认你做我的妻子。"

"请你不要再跟我说类似的话,我不想再听,我的人生也要往前走。"韩心茹坚决地回答。

我忍不住为韩心茹叫了一声好。

赵又斌大概没有想到一向逆来顺受的韩心茹会这么说,张口结舌一下子不知道如何回答。

"你已经对不起我了,就不要再对不起她。给那个孩子一个名分吧!请不要再来找我,要见爸妈和孩子,就去学校,或者在我不在的时候,你再去家里面。我们,不要再见面了。"韩心茹说完就把赵又斌"请"了出去。

我有一种扬眉吐气的痛快。

韩心茹进来却开始放声痛哭。我酸了鼻子抱住她,轻轻拍着她的背:"你做得对,有些事情,不能回头。"

赵又斌和李蕊结婚了。听说李蕊生了个儿子。结婚之后,赵又斌遵守着约定,不再来韩心茹这里,也不再打电话。想儿子了,他就会去学校外面等着。为了掩饰他和韩心茹已经离婚的事实,他跟儿子说,他的生意重心移到了省外,所以,回来的次数会很少。小正正好开始住校,所以一点也没有察觉。

韩心茹的生活好像恢复了原样。她依旧温柔地笑着,听我调侃小区超市的菜,耐心地应付着那些想要变漂亮却一分钱也舍不得花的大婶。表面看着,好像她已经忘记了赵又斌带给她的痛苦。

其实,只有我这种天天跟她在一起的人才能看见,没有人的时候她脸上的落寞。

或许新的恋情才能把她从过去的泥潭中完全拔出来。我这么想着,所以变着法儿给她介绍男朋友。

每一次我替她约好男人,她都会去。不过我也看得出她在敷衍。她一定是不忍心拒绝我的好意,却又没有心情谈恋爱。那些男人在她不咸不淡的几次拒绝后,大都没有了音信,只有一个叫周省的常常约韩心茹喝茶。两个人说话很投机,坐在一起不谈情说爱,只说兴趣爱好,天南地北、杂七杂八。一来二去,两人成了好朋友。

4

冬天不管多么漫长、多么冷酷,终究是会过去的。笑容还是渐渐回到了韩心茹的脸上。

赵又斌的生意却在他离开韩心茹之后一落千丈。过去他春风得意,现在四处借债,捉襟见肘。

李蕊不能接受赵又斌忽然又变成了穷人。她怀疑赵又斌悄悄把钱拿给韩心茹,打电话来对韩心茹叫骂。她骂得很不堪,把一个女人能侮辱第三者的所有词都用上了。

"人生真讽刺,现在我竟然成了第三者。"韩心茹对于这样的指责有些无奈和茫然。

"真过分,她有什么资格这样骂你!"我听了愤愤地说。

"算了。"韩心茹无力地挥了挥手。

赵又斌听说了李蕊打电话的事情,便彻底恼怒了,回去跟李蕊大吵了一架。李蕊把过去的温柔彻底抛弃了,一哭二闹三上吊,说赵又斌要是不把离婚时给韩心茹的财物全部拿回来,她就带着孩子去自杀。

这天深夜,赵又斌打电话给韩心茹:"是我太贪心了,所以现在才受到了老天的惩罚。"

他跟韩心茹絮絮叨叨说了整整一个晚上。他说自从离婚了之后,连个说心里话的人都没有,他没有想到一个女人能像李蕊这样,结婚前后判若两人;他说他的生意就像中了邪一样,做什么什么不顺;他说他想念韩心茹做的糖醋排骨,想念家里做饭时的香气。

韩心茹不挂断电话,也不回应,就这么默默听着,最后听到睡着了。她醒来时手机没有电了,也不知道赵又斌是什么时候挂的电话。

此后,赵又斌隔三岔五就打电话来跟韩心茹诉苦。

"这算什么?他自己造的孽,还把你伤害得那么深,现在竟然还有脸要你来安慰他!"我好气愤。

"他心里很苦。要是连我都不肯听他说,我怕他会出事。"韩心茹皱眉回答我。

李蕊对赵又斌忽然之间的神采飞扬很是起疑,所以去查电话记录。在得知赵又斌常给韩心茹打电话之后,她又打电话把韩心茹一通大骂。韩心茹又气又羞,换了电话号码,而且没有告诉赵又斌新的电话号码。

才一天,赵又斌就憋不住给我打电话问为什么韩心茹的电话打不通。

我都憋了许久了,好不容易逮到机会,所以立刻像连珠炮一样狠狠数落他:"你和那个什么李蕊还真是一家人啊,脸皮都厚得要死！凭什么离婚了，韩心茹还要陪你聊天啊？凭什么你出轨了，韩心茹明明是受害者却要被当作第三者骂？你就不要再去骚扰她，让她好好开始新的生活吧！"

赵又斌沉默了，挂了电话。

赵又斌离家出走的事情，还是李蕊跑到韩心茹店里面来闹，韩心茹才知道的。李蕊以为赵又斌来了韩心茹这里，闹了一阵没找到任何线索，才悻悻地走了。韩心茹也很着急，挨个给赵又斌的战友打电话。

最后，终于有个战友透露说，赵又斌被李蕊逼得患上了严重的抑郁症，已经吃了好久的药了。前两天李蕊又大闹了一场，赵又斌实在忍受不了，想躲开李蕊才来了战友家。

韩心茹把赵又斌的下落告诉了李蕊，李蕊不肯信，还要来纠缠。

生意都没有办法做，韩心茹索性关了门，把孩子托付给公婆，出国去旅游了。

5

韩心茹旅游回来的时候是早上。周省去接的机。韩心茹说要回店里看看，两人就说说笑笑地回到她的美容院。

赵又斌坐在门口，胡子拉碴，又黑又瘦，像个流浪汉，跟过去韩心茹照顾他的时候简直判若两人。韩心茹被吓了一跳，愣在那里不知如何是好。她后来跟我说，赵又斌看见周省的时候，眼神很复杂，里面夹杂着震惊、吃醋，还有浓浓的失落。那种眼神,到现在她还记得,就像一个溺水的人看见最后一根救命稻草都沉了一样无助。

周省立刻知趣地告别。韩心茹默默打开了门。赵又斌低头跟了进去。

韩心茹从隔壁的拉面馆叫了一份赵又斌最喜欢的牛肉拉面给他。赵又斌一言不发,慢慢吃了个干净。

"夫妻两个总有拌嘴的时候,你怎么能不回家呢?你别忘了家里还有个孩子。既然跟她结婚了,就好好过日子吧!"韩心茹想了许久才这么说。

赵又斌苦笑了一声:"没想到你会跟我说这些。"

新娘新娘,就是接棒老娘管男人的吃喝拉撒、衣食住行的女人。从跟赵又斌结婚第一天起,韩心茹的妈妈就这样跟她说。只是都离了婚了,她却还忍不住像他妈妈一样劝他。果然她还是放不下。韩心茹自己也苦笑了一声。

"我以为你会要我跟她离婚,回家来。"赵又斌看着她,眼里带着哀求。

"你心里应该明白,我这里在你和她第一次睡在一张床上时开始,就不是你的家了。"韩心茹狠心回答道。

"我知道,我知道。我只是一直接受不了这个事实。我们真的不能再回头了吗?"赵又斌有些怯怯地问。

"不能!请不要把我弄得那么不堪。"韩心茹决然地说。

赵又斌失望地低下了头。

两人陷入了让人窒息的沉默。韩心茹实在不忍心立刻把这样的他赶走,却又不知道该再说什么好。

"我不会再来了,你保重。"赵又斌终于抬起头,这么说着,站起来告别。

韩心茹鼻子发酸,抬头目送他。

赵又斌像是知道韩心茹在看着他,走到门边忽然回头说:"其实今天我是想来问你,小胡明天结婚,你要不要跟我一起去参加婚宴?"

韩心茹忙垂下眼帘,假装整理着桌上的东西:"不了。我现在以什么身份去呢?我不想那么尴尬。我会打电话给他向他祝贺,再托人带红包给他。"

"嗯,那,再见了。"赵又斌深深看了她一眼,不再回头,走了。

韩心茹忽然觉得心里极不舒服,跑出去站在走廊上,看着赵又斌上了他的车。哦,不准确地说,是她的车。这辆车一直是赵又斌开,离婚后却把车子过户到了韩心茹的名下。韩心茹却一直没有要回来。

"我刚才应该叫他把这个车卖了,缓解一下资金压力的。"韩心茹有些懊恼。

6

凌晨,韩心茹接到了赵又斌一个战友的电话。那个战友声音嘶哑,听得出在强忍哀伤:"嫂子,你快来,又斌出事了。"

韩心茹心都快停跳了,给我打了个电话叫我过去,然后在我的陪伴下赶到了医院。

急救室里,赵又斌已经没有呼吸。李蕊歇斯底里地闹着,不准韩心茹进抢救室。战友们抱住李蕊,韩心茹才看了赵又斌最后一眼。

我陪着韩心茹坐在走廊里,冷眼看着李蕊把赵又斌的每个战友都厮打责骂了一遍。

有一个战友告诉我们,赵又斌在婚宴上喝了很多酒,又哭又笑。大概他是想起了和韩心茹的婚礼,触景生情。赵又斌还跟小胡说:"好好珍惜,有些事情,错了,就回不了头。我失去了最好的,你不要像我一样。"

一起参加婚礼的,有很多赵又斌的朋友,大多是夫妻一起来,他们从来没有见过赵又斌这么失态,听见他这么说也有些唏嘘,全都上来劝他。

婚宴结束的时候,战友们要送赵又斌,赵又斌不肯,结果在高速路上和一辆货车发生了追尾。

韩心茹异常地平静,只是手凉得让人心惊。我生怕她撑不住,死死握住她的手。她没有反应,只是呆呆地看着急救室里盖着布的赵又斌。

韩心茹的手机忽然响了一下,是一封定时发送的邮件,是赵又斌在昨晚上参加婚宴之后发来的,上面说:"对不起,可惜,已无岁月可回头。"

负责帮忙处理现场的朋友回来了,说赵又斌是自杀的。从监控录像上看,赵又斌原本速度不快,看见货车后,才忽然加速冲向货车。

韩心茹忽然哭了。这是我第二次看她这样哭,我也抱着她哭了起来。

"如果昨天我跟他一起来,也许他就不会出事了。"她喃喃地自言自语。

"茹,这件事情迟早会发生,你不要太自责。"

李蕊在地上打着滚撒泼,说她原本还指望保险能赔钱,现在他是自杀,什么都没有了。

是啊,短短两年,什么都没有了,其实她也是个可怜人,如今她不但害得她自己成了寡妇,还害得两个孩子失去了爸爸。我冷眼看着李蕊闹,心里却长长叹息了一声。

7

李蕊不肯花钱安葬赵又斌。战友们只能凑钱给赵又斌下葬。可是李蕊就连骨灰盒也不肯捧,说她还年轻,以后还要嫁人,捧了骨灰盒太晦气。赵又斌的战友们彻底怒了。还是韩心茹拦住了大家,说小正可以捧骨灰盒。

小正一脸茫然。

其实最震惊、最可怜的是这个孩子。他到今天才知道,爸爸妈妈离婚了,爸爸还在外面生了个小弟弟。现在爸爸去世了,多了这么个不可理喻的女人,让他的父亲连死都不能安生。

韩心茹上前紧紧搂了一下小正:"孩子,坚强一点。你现在是家里唯一的男子汉了。他是你的爸爸,不管做过什么,你都不能恨他。"

我捂着嘴，转过头，不忍看。

小正的眼里分明有眼泪，却挺直了背。

闹剧一样的葬礼终于结束了。李蕊带着孩子回了老家。战友们怕她不肯养孩子，还凑了钱给李蕊。不过这些，都不是我能操心的了。

赵又斌的朋友对他的结局十分震惊。曾经有几个男人跟赵又斌一样，在外面找了别的女人，准备跟家里的糟糠之妻离婚，现在忽然都跟第三者彻底断了，成天赖在家里，成了居家好男人。就连原来不打算原谅出轨丈夫的妻子也忽然都释怀了。

"如果赵又斌知道他的死能阻止这么多朋友再犯错，他一定会高兴的。"在一个阳光明媚的午后，韩心茹坐在廊下晒太阳的时候忽然幽幽地跟我说。

"别想他了，都过去了。"我握了握她的手。

周省的车忽然从远处开来，停在我们面前。他从车里出来，穿得衣冠楚楚，看着还有点帅。最重要的是，他手里拿着一大束红玫瑰，鲜艳得让我都心花怒放。

"我说，我们是不是该进一步了？"他挠了挠头，红了脸，对韩心茹说。

"我，我怕我不够好，配不上你。"韩心茹也红了脸，嗫嚅着。

"不，你配得上最好的。"我一下拍了拍她的肩膀大声笑着站起来。

"是的，你配得上最好的，比如我。"周省笑嘻嘻地回答，抛掉了羞怯，上前拉起韩心茹，一把将她紧紧搂在怀里。

韩心茹羞得没处躲。我立刻假装看不下去，捂着眼睛伸手拿起包跑了出去。

外面天空碧蓝如洗，就像几个月的阴雨连绵都不曾发生过一样。我仰起头，微微笑着："嗯，有些事情回不了头，那就挺直胸膛，往前走好了！"

从此以后，
我们成了最熟悉的陌生人

1

兰雅的手不住地哆嗦着，红着眼眶盯着程浩的手机。

手机屏幕上是那个女人又发来的一条短信："睡了吗？你在干什么？我好想你。"

程浩洗完澡出来，丝毫没有察觉到兰雅的异样，回短信说："我累了，明天吧。"便关灯躺下，不一会儿就睡熟了。

兰雅咬着唇，忍着心中的醋意和怒气，轻手轻脚地躺在他的身边。她睁着眼，怎么也没法入睡。她没有办法说服自己，程浩真的是因为工作太忙太累疏远了她。

程浩和那个女人的事情，是一个月前她无意中发现的。

那天程浩在开车，手机响了。兰雅拿起来看了一眼。只那一眼已经让她又惊又气。那条短信的内容绝不是用"朋友"

这样的解释能说清楚的。程浩的手机上并没有存这个号码，所以没有显示来信人的姓名。兰雅不动声色地放下手机，心里暗暗记下那个号码。她凭着这个电话号码，把程浩身边的人都好好查了一下。她查到了那个女人叫李蕊，很漂亮，和程浩在同一个公司。他们每天从早晨7点半起床到夜里12点睡觉前，至少要通二十多次电话。长的时候一个小时，短的时候几分钟。这种情况已经持续了有半年了。半年前，程浩被调到郊区的一个项目上工作，每周只回来两天。

　　兰雅咬着被角愤怒地想："我跟着他吃了多少苦头。为他生孩子还挨了一刀，辞了职在家当老妈子。现在经济条件才稍稍好一点儿，孩子也才一岁多，他就出轨？！他一个星期也记不起给我一个电话，却整天给她打电话。"她委屈得想要大叫，却只能捂着嘴流泪，害怕自己的呜咽声吵醒了孩子和程浩。

Z

　　一大早，程浩就又开车去项目部了。

　　兰雅将孩子托付给母亲，说她今天要出去办点儿事情，然后来到了程浩公司总部的楼下。她躲在角落里看了许久，直到中午吃午饭时，才看见那个叫李蕊的女孩从楼里出来。兰雅怒火中烧，冲了出去，打算狠狠揪住那个女孩的头发，划破她漂亮的脸蛋。

　　还未走出几步，兰雅却忽然停下了脚步。身旁巨大的落地玻璃上映出了一个肥胖、穿着邋遢、头发蓬乱、面目狰狞的女人。

兰雅惊愕地睁大了眼睛，望着镜子中的女人，抬手摸着自己的脸。那个女人也抬起了手摸着脸。兰雅茫然地自言自语："这是我吗？我怎么变成了这副模样？"

眼看李蕊就要走远。

兰雅没有勇气再往前。她低着头落荒而逃。她坐车到了很远的郊区，确认周围没有任何认识的人，然后给自己点了一杯最浓的咖啡，默默地流着泪，浑身发抖地捧着它。她知道，这场战斗还未开始，她便输了，不是被情敌所打败，而是输在了自己的手里。她现在没有工作，没有长相，如果离婚连自己都养不活，她凭什么跟人家年轻漂亮有活力的小姑娘比？

那杯咖啡苦得让她不寒而栗，却没有她心中那种哀伤和苦涩让她难受。她就这么一个人孤单地一口一口喝完了它。

一直到天黑了，兰雅才拖着沉重的步子回到家。母亲见她脸色很不好，担心地问长问短。她忍着泪，若无其事地说："没事。妈，我打算出去工作，以后你可能要辛苦一些了，要帮我接送宝宝。"

3

兰雅先制订了一个减肥计划，狠心一个月减下十斤。还办了美容卡，每周必去美容院，然后去百货公司，把她过去看上了却舍不得买的衣服和化妆品全部买了回来,并瞒着程浩开始出去找工作。

她在微博上实时更新宝宝的近况,朋友们都说她文笔极好,宝宝也很可爱,她真是很幸福。就连从来不看她微博的程浩,听朋友说多了,也关注了起来。

程浩很内疚,不知不觉中孩子已经长大了,像个可爱的精灵。他从没有好好抽时间陪伴她和孩子,好不容易到周末却忙着去和朋友聚会。现在才觉得对他们都亏欠了太多。虽然兰雅从没有抱怨过。

李蕊的微博像是较劲一样,每日都有更新,有时候她说有心仪的人送她去机场,有时候她说同爱人一起处理公司的会议文件,有时候她说他的手好暖,希望他能一直爱她。

虽然李蕊没有明说,但是从字里行间,兰雅知道,那个人一定是程浩。因为李蕊每次发了这样的微博必会转发给程浩。程浩虽然从不留言,但是每当一看李蕊的微博,他就忍不住嘴角微扬。嫉妒和愤恨让兰雅快要疯了。好几次她都想注册一个小号在下面留言:"你的幸福在这里,他妻子的幸福呢?"

可是最后她还是忍住了,不动声色地销掉了自己查看的痕迹,在心中默念,不用多久了。

程浩惊愕地发现,这一个月兰雅忽然漂亮了许多,仿佛又回到了结婚前兰雅最美的时候。

兰雅淡淡推开晚上好不容易回来一次想要来搂她的程浩:"我有话跟你说。我被一家法国化妆品企业录取,下周一去法国培训,半个月后回来。"

程浩皱眉问:"为什么不早点儿告诉我?"

兰雅笑了笑:"在半个月前我就在微博上说了这件事情。你不知道是因为你已经有半个月没有跟我说过话,还是因为你从来就没好好关注过我?"

程浩红了脸,喃喃地辩解:"对不起,我工作太忙。"

兰雅微微点头:"没有关系。每个人都有权利选择生活的方式。"

4

早晨,兰雅拖着巨大的行李箱走出了家门。

程浩看了一眼箱子,有些犹豫地说:"我送你吧。"

兰雅摇了摇头说:"不用了,这十年你什么时候送我去过机场?我从来都是靠自己,不是吗?"

程浩脸微微红了红,点头说:"也好,我今天早上要赶着去参加一个会议。"

兰雅看着他匆匆而去的背影,嘴里苦苦的:"他又撒谎,昨天李蕊说要去项目部拿资料,他这是要赶着去接李蕊。"

兰雅在去机场的路上,发了一条微博,然后转发给李蕊和程浩——几个月前我就知道了你们的事情。我隐忍不发是因为孩子还小。我在等着程浩来坦白。我会离开一个月。程浩,你如果真的离不开她,觉得她才是那个真正理解你、给你快乐、陪伴你一生的人,请你像个真正的男人一样,负起责任来,给她一个正当的身份。孩子我会抚养，我绝不会成为你们爱情的绊脚石。如果你只是想尝鲜，觉得自己还是离不开这个家，请你与她断绝来往。你现在的行为不仅仅是在侮辱我，也是在侮辱我们这十年一起经历的一切。

发完微博，才五分钟，程浩便打来了电话。兰雅没有接，而是默默地挂掉电话，关了机。

程浩在电话那头慌了，心里涌上浓浓的愧疚和羞耻，他没有料到兰雅早就知道了他和李蕊的事情。

李蕊收到微博之后立刻在微博上庆祝，说她终于可以和爱的人正大光明地在一起。

兰雅到了法国，看了李蕊的微博，笑了笑："毕竟还年轻，太沉不住气。"

5

兰雅在微博上实时更新自己的近况，将照片发到微博上。她参观公司的香料基地，在美不胜收的花海中徜徉；她在香榭丽舍大街上自由地笑和奔跑；她自己调配的香水，涂在身上后，让巴黎咖啡馆里的帅哥迫不及待地向她求婚。法国帅哥被兰雅拒绝，满脸失望，要求拥抱。兰雅在这张照片下评论说："可惜你来的不是时候。还有二十多天，我就自由了，那时候，我或许会接受你。"

程浩每天都看兰雅的微博并且留言，兰雅却从不理会。他每天都给兰雅打电话，兰雅也不接。看见兰雅被求婚的那一条，程浩再也坐不住了，他甚至想抛下一切飞到法国去。

同时，一个年轻女孩的微博吸引了他的注意。那个女孩应该是大学刚毕业。她在微博中讲述着她对未来的害怕和无助，讲述着她的通宵加班努力，炫耀着她取得的小小成就和平凡的生活。

程浩被她的倔强所吸引。他常留言，和她谈人生。他觉得自己又找到了有共同语言的人。

有一次，女孩在微博上哭诉说，下雨了，她忘带伞，浑身淋湿了却舍不得打车，只能在公交车站等公车。男朋友忙着加班，都不接她的电话。天很黑，她很害怕。

程浩看着微博上女孩在公交车站瘦弱的背影，心中忽然隐隐作痛。几年前的兰雅是不是也曾这样在雪夜或雨夜里独自下班回来，而那时年轻粗心的他却从未给过她物质上的帮助和精神上的关心，他总觉得她很坚强，不需要自己。其实她只是把自己脆弱的一面藏了起来，让他有更多的精力去飞翔和搏击。

程浩留言问女孩在哪里，他可以开车去送她回家。女孩回了信说，她奢侈了一把，用加班费打的回家了。女孩发了一个俏皮的表情给程浩。程浩忽然拿着手机哭了。

6

兰雅回国了。程浩觉得这一个月比十年还久。他带着孩子来机场接机。兰雅淡淡地说了声谢谢，便站在一边看着程浩帮她把笨重的行李搬上了车。

回到家，兰雅淡淡地说："今天我们就去把离婚手续办了吧。"程浩紧张地一下抱住兰雅："我错了。我真的与她断了。你给我一次机会。"

兰雅摇着头说："我已经给了你一次机会了。"

程浩急切地说："我没有给她打过电话。"

兰雅拿出手机，打开了播放录音，里面传出了李蕊的声音。李蕊对兰雅破口大骂，说兰雅是黄脸婆，死缠着程浩不放。程浩心里喜欢的是她，只是迫于兰雅的压力不敢给她原来的号码打电话，搞得她要换个号码再打电话。

程浩气得直哆嗦，对兰雅发誓说他和李蕊只限于打打电话，并没有出轨。他承认李蕊年轻漂亮，单纯有激情，和他聊得来，让他觉得她是自己的知己。他从没有想到要伤害兰雅。这些日子他和李蕊也只有工作关系上的联系。

兰雅不管程浩怎么说，坚持离婚。

程浩苦苦哀求，甚至流着泪跪下，兰雅才勉强同意给他补过的机会。

7

此后，程浩每天都会打电话回来，只要有时间便带兰雅和孩子出去。兰雅出差时他也学会了接送和照顾孩子。他再没有跟李蕊联系。李蕊甚至打电话来哀求挽回过。兰雅都是事不关己地静静在一旁，看着程浩冷漠地拒绝或者直接挂断电话。

不久李蕊因为男女关系混乱被迫从公司辞职，离开了这个城市。兰雅听说了之后，忽然好庆幸，自己没有为了一个自私的女孩而变得歇斯底里，成为别人的笑话。

程浩发现自己关注的那个小女孩的微博不更新了。他有些担心那个莽撞又坚强的女孩子。

忽然有一天，那个女孩转发了条微博，是那一条在网上被多次转载的微博：我也曾年轻过、单纯过。我也曾为了你给我买的几块钱的钥匙扣欣喜不已，我也曾陪你聊天到深夜不知疲倦……

程浩忽然发现自己好愚蠢。他在李蕊身上想要得到的，不正是当年他爱上的兰雅所拥有的。兰雅狠心改变自己，变成他看不上眼的女人，也是因为他。

微博的结尾让程浩湿了眼眶——不要再看这个微博了，我不会再更新。因为这个微博上所记录的一切都是曾在我身上发生过而你不知道的事情。我是兰雅，你没得到的时候视若珍宝，得到了弃如敝屣，如今却又念念不忘的陌生人。

让自己更强,
赢得别人无话可说

1

我们宿舍最骄傲最有自信的,不是家里条件最好的郭睿懿,不是最漂亮的白素,而是长得最抱歉的孙蕾蕾。她有着黑粗的皮肤、小眼睛塌鼻子和又矮又胖的身材。她的外表,委婉一点说,比较可爱,直接一点说就是,几乎没有优点。

如果要说到内在美,就更让人头痛了。她一句话能噎死人,从不看场合;什么家务活都不会做;馋嘴得要命,而且食量大得惊人。家里条件也很一般。她的父母都是普通国企的职工,平头百姓。

所以,我一直很好奇她那种冲破天的自信是从哪里来的。

开学三天,她就买了一个望远镜,然后得意扬扬地在我们面前炫耀。

我呆愣地问:"这个是用来干什么的?"

"用来看帅哥啊。我们宿舍的窗户正好对着食堂的入口,这么好的战略条件,不利用起来岂不是太亏了?"

宿舍一片死寂。

白素忍不住笑出了声。

这是我第一次见识到孙蕾蕾的特立独行。我觉得,多半是孙蕾蕾一时贪玩,说说而已,不会真的进行这么奇葩的计划。

她却开始一本正经地坐在窗口用望远镜瞭望。一天三次,绝不落空,比她去上课还积极。

看见帅哥她还会高兴得手舞足蹈,完全不顾旁人的眼光。

"孙蕾蕾,你不会是当真吧?"郭睿懿皱眉问。

"当真。我跟你说,才三天我就发现有四五个男生长得很帅!我只要再观察一段时间,就能锁定我的目标了。我的男朋友,未来老公一定要长得又高又帅!"孙蕾蕾头也不回,兴奋地回答。

"啊,孙蕾蕾,其实男生对你好就行,长得好看的男生不一定好相处。"赵丽娟斟词酌句地劝她。就算我这么呆的人都听明白了,赵丽娟想告诉她,以孙蕾蕾的条件非要找长得好看的男朋友,估计有点难度。

"那就找个又帅脾气又好的,最好还能做家务、家里有钱。我很贪玩,所以最重要的是他能陪我玩,或者肯让我自己去玩。"

我们面面相觑。

"你要求还真不高。"郭睿懿抽了抽嘴角,已经无语了。

"当然，我那么好，值得最好的男生，干什么要退而求次委屈自己？我就是为了这个目的，才选了这个男生很多的工科大学。"孙蕾蕾终于回过了头，一脸严肃。

虽然本校男女比例失调，但是并不代表这些男生会饥不择食。大家都这么想，却不知道怎么让她明白这一点。

"我们还真是好期望那一天的到来。"白素笑眯眯地打破了难堪的沉默。

学校里很多人都发现了孙蕾蕾在楼上用望远镜看过往帅哥的事情，所以我们寝室一下出了名。

白素有点受不了了，凉凉地讥讽孙蕾蕾："孙蕾蕾，就算是非要看帅哥，你能不能低调一点？你这样大张旗鼓会吓得帅哥都不敢从这里经过的。"

"啊，对，我怎么没有想到这一点。"孙蕾蕾一拍巴掌，一脸恍然大悟，"我说这几天从这里过的男生怎么少了许多！"

要是我是男生，知道你长得这副尊容，还在楼上用望远镜瞭望，我也会被吓跑的。我在心里嘀咕。

2

孙蕾蕾用望远镜打望这件事从明处挪到了暗处。她总嘀咕，这里的男生实在是太少，会不会因为靠近女生宿舍，男生过来要绕很远？所以她改变了策略，一有时间就游走在男生宿舍楼下的电话亭、小吃店、洗衣房。她还搞了个小本子，把遇见的帅哥全部编了代号记在本子上：米粉帅哥，身高178cm，阳光型，住7舍，估计大二；电话帅哥，身高175cm，斯文型，住5舍，估计大一，不戴眼镜更好；洗衣房帅哥，运动型，身高183cm，身材好，住8舍，袜子好久都不洗，看来不会做家务……

每次"猎艳"回来，孙蕾蕾就会得意扬扬地跟我们分享她的成果。拜她所赐，我们对全校帅哥有了十分全面的了解。

我加入篮球队之后，平时不太理我、总跟我作对的孙蕾蕾忽然找到了我。看她笑眯眯的样子，我心里有点发毛。

"篮球队有个特别帅的、打球超好看的男生，你熟不熟？听说他姓韩。"

我把头摇得像拨浪鼓："我知道他，他一定不知道我。"

"韩楚天啊，校篮球队队长。"赵丽娟插话道。

孙蕾蕾立刻撇下我，凑到赵丽娟身边："你跟他熟？能不能介绍我认识？"

"我也不熟。"赵丽娟嘴角带着不易察觉的笑。

我常看见赵丽娟向韩楚天请教，她怎么可能不熟？她这样，分明是在戏弄孙蕾蕾。

孙蕾蕾却丝毫没有察觉，走到桌子边坐下自言自语："哎，好可惜，看样子只能我自己去碰运气了。"

此后每一次篮球比赛，孙蕾蕾都会到场。看得兴奋起来，她就指着韩楚天，一边尖叫摇晃着我一边跳："就是他，就是他。"

所有人都盯着我们。我顾不上被她捏得发痛的手臂，捂着脸低着头，恨不得找个地洞钻下去。

如果韩楚天恰好朝我们这边看了一眼，孙蕾蕾就会兴奋地快把我摇散了。

后来韩楚天来追了我，我接受了。听说孙蕾蕾消沉了一天。从此她总和我过不去。说如果不是她，韩楚天注意不到我。对这事我无端有些心虚，所以也计较她的尖酸刻薄。我想她大概是有些欲求不满，遇见下一个目标就好了。

3

孙蕾蕾很快就找到了下一个目标，是建筑学院的院草。她每天一有空就去人家楼下守着，然后借故搭话。

一个星期后，她竟然要到了别人的电话号码。半年之后，那个男生竟然开始请她看电影。

孙蕾蕾跟院草去看电影那天，她走路都是飘着的。

"这就是水滴石穿，只要肯攀登，铁杵磨成针啊。"章小青激动得语无伦次。

"什么乱七八糟的？她都够疯狂的了，你就别再跟着瞎掺和了。"郭睿懿对章小青翻了个白眼。

白素一直摆出一副置身事外的淡然，可是我总觉得她其实偷偷在笑。

果然，没有多久孙蕾蕾就哭哭啼啼地回来了。她愤怒地把一封信拍在白素桌子上，就趴在床上一边哭一边说："那个院草请我看电影原来是为了打听白素的事情。今天他终于按捺不住告诉我了，让我帮他递情书给白素。"

难怪白素的眼神那么奇怪！我跟章小青迅速地交换了一下眼神之后，干笑了一声，安慰孙蕾蕾："那个，没事，旧的不去新的不来。我们舞蹈队，多得是帅哥。"

"真的？你愿意帮我介绍？"孙蕾蕾立刻不哭了，擦着眼泪鼻涕问我。

我只能硬着头皮点头："嗯。"

"我可不会感激你，你本来就欠我的。如果不是你抢走韩楚天，韩楚天现在应该是我的男朋友。"

赵丽娟也深深看了我一眼。我知道赵丽娟也对韩楚天很有好感，所以好无奈。

我很想说："其实是韩楚天来追的我。而且就算他不追我，也未必会喜欢你们啊，我的美女们。"

只是我说了，她们也不信，所以我没有争辩。

孙蕾蕾气呼呼地说："这些男生都没有眼光！我那么优秀，他们竟然看不见，我偏要找个最好的男人给他们看看！"

4

大三以前，文艺活动都比较多，所以我常常需要演出。自从我跟孙蕾蕾说了那句话以后，从来不看我演出的她忽然每场必到。她眼睛发亮地盯着台上来来去去的男生，那种感觉就好像皇上在选妃子，真是让我都觉得汗毛直竖。

看了半年，孙蕾蕾告诉我，她决定了，跟我搭档的那个男生还不错，就他了。

那时我们已经读大二,而她说的那个男生是大一的新生。怎么看都有点老牛吃嫩草的嫌疑。

"哎,大姐啊,你以为是菜市场挑萝卜,点到哪个是哪个吗?"我暗暗在心里哀叹了一声。我怕我一旦拒绝她,她会在这里吵闹,所以只能硬着头皮介绍她跟那个叫邹朗的男生相互认识。

孙蕾蕾立刻热络地跟邹朗聊了起来。邹朗有些惊愕,却也没有表示厌恶或者躲开。

我立刻借故跑了。回头看看他们,我忽然有一种把小红帽邹朗送到狼外婆孙蕾蕾怀里的罪恶感。

孙蕾蕾开始出现在邹朗的课室里。邹朗属于那种温柔的男人,白皙俊美,说话细声细气。他对孙蕾蕾的追求没有拒绝,甚至开始和孙蕾蕾有模有样地约会起来。

为了确保邹朗没有被强迫,也防止孙蕾蕾为他人做嫁衣裳的悲剧重演,我特别花了四块钱买了两杯可乐请邹朗喝,来打探他对孙蕾蕾的感觉。

邹朗说:"孙蕾蕾挺好的,没有女生的矫情。"

以我这个脑子,实在是不能准确理解他口中的"矫情"到底是什么意思,但是又不好细问,只能干笑两声:"那就好,那就好。"

或许邹朗就是孙蕾蕾的真命天子也不一定呢?再说他们两个都是成年人了,没必要替他们那么操心。我这么想着,抛开了心中的担忧。

孙蕾蕾和邹朗每天都在一起。每次孙蕾蕾回来都一脸幸福地说邹朗这样好,那样好。

我们在想:嗯,你总算是消停了,这对我们而言就是最好的消息。

可是半年后的一天。邹朗站在我们教室门口探头探脑,眼睛红肿,一副哭过的样子。章小青推了一下孙蕾蕾,指了指门口。孙蕾蕾看了一眼,面无表情地说:"我昨天跟他说要分手,他竟然不肯。从没有见过一个男生这么婆婆妈妈的。"

我们全部齐刷刷地瞪大了眼睛。

邹朗见孙蕾蕾不理他,只能走了。

孙蕾蕾在我们的追问之下,终于像压抑了许久忽然找到了突破口一样,开始滔滔不绝地数落邹朗的缺点。她说邹朗没有男子汉气概,简直就是个"妈宝"。最重要的是他还特别抠门。AA制也就罢了,有时候买根冰棍借他五毛钱,他都天天追着要还。用了他一张餐巾纸也会不厌其烦地问什么时候还,简直让人崩溃。最后孙蕾蕾总结,跟这种男人在一起,简直就像多了个不孝顺的儿子一样。

为了证实孙蕾蕾的话,我单独问了邹朗。邹朗很委屈地说:"我以为她不矫情,原来她跟别的女生一样。"

原来最初他口中的"矫情"是这样的。我郁闷了一下就开始启发这位不懂人情世故的师弟:"那个,两人在一起吧,AA制不是不可以,但是也不要太计较了。还有许多恋人一切开销全是男生买单呢。"

"切,要是那样,我干吗要委屈自己找一个那么丑的老女人?"邹朗撇撇嘴。

我真是又好气又好笑,张嘴半天不知道说什么好,最后转身直接走了。

5

孙蕾蕾又开始了她的寻"夫"之旅。前后共七届男生都被她"排查"了个遍,却再没有男人肯跟她约会。

我真的有些担心这个姑娘会成为黄金"剩"斗士,剩女的剩。

毕业的时候,不管最后是不是各奔前程,好歹大多数人都有过一段或刻骨或温馨或伤心的恋爱经历,只有孙蕾蕾从未开始过一段真正的恋情。

"哼,就算是你们在学校找到男朋友了,还不是马上就要分手了?等我一进了这个花花世界,就有数不清的美男等着我,我一定比你们先结婚!"孙蕾蕾自信满满。

哎,这姑娘的梦竟然还没有醒。我好忧伤,不知道该怎么提醒她。

到了社会上,谈恋爱再不会像大学里面这么单纯,更多的是权衡利弊。也就是说,她这种条件的女人,真的更难找到她要的那种完美男人了。

"如果实在不行,就把标准降低一点,总是要先把自己嫁出去再说。"康炜彤好心提醒孙蕾蕾。

"我那么好,当然值得最好的男生,干吗要这么委屈自己?"孙蕾蕾还是那句话。

我们不由得相视一笑。

四年了,很多东西都变了,唯独她没有变。也好!

孙蕾蕾去了她家所在城市的设计院。她之所以选择去那里,是因为离家近,妈妈可以照顾她。而且那座城市一贯以慢节奏著称。这样,工作后她便可以想去哪里玩就去哪里玩。

美好的幻想总像肥皂泡泡,而现实却像是一个拿着针的调皮孩子。孙蕾蕾的美好愿望不到一个星期就被现实狠狠粉碎了。

设计院的活一个接着一个,有时候还要通宵加班。一打电话,孙蕾蕾就跟我抱怨设计院是"女人当男人用,男人当骡子用"。

"寻找完美老公的计划就只能搁浅了?"我试探着问。

"不不不,你错了。设计院里也有很多好男人。而且是别的学校毕业的,我没有见过的。嘿嘿,我已经把他们编了号了。"孙蕾蕾傻笑了两声。

我苦口婆心地劝她,就算是要追,也不要表现得太急切。毕竟工作单位比不得学校。学校最多待几年就走,名声再坏也只是一个传说。在工作单位要是把同事间的关系搞僵了,以后真的会很麻烦。

"放心,我也不是什么黄毛丫头了,现在非常擅长迂回前进。再说这里的单身适龄女性比学校还少。我那么优秀,我有信心。"

对于她的迂回前进,我很无语。她说她的策略就是要妈妈做好吃的带到单位,然后午餐的时候在目标男生面前吃得很香。如果对方对她有意思，肯定会来搭讪。一来二去，不就熟了。

我十分苦恼要怎样告诉她，这样只会引来另外一个吃货，而不会有她说的那种完美男生上钩的。

她却得意地告诉我，她的策略已经初见成效。有个男生，每天午餐必等她到了才开始吃，然后还会跟她分享他做的饭菜。

我脑海里不由得出现孙蕾蕾每天在休息室里和一个肥胖猥琐的男生交换午餐的画面。

孙蕾蕾的计划进行得很顺利。不到半年，她就和那个"饭友"结婚了。她在空间发布结婚照那天，好几个室友都给我打来了电话。

大家都没有想到，最后，她真的如愿以偿嫁给了帅哥。而且那个帅哥还包揽了所有家务活，简直把孙蕾蕾像个宝贝一样捧在手心里。他们两个一有空就出去远足，正好实现了孙蕾蕾的那个要求"他要陪我玩儿，或者让我自己出去玩儿"。

几年后，孙蕾蕾生了一个乖巧可爱的女儿，真是幸福得让我们羡慕嫉妒恨。

十年聚会的时候，我们都说孙蕾蕾漂亮了许多，容光焕发，一副幸福的小女人模样。她老公每隔半小时就会打电话来提醒一下孙蕾蕾，不要喝太多酒，不要理会那些借喝醉酒来揩油的男生。

啧啧，果然是情人眼里出西施。我们忍着笑，相互举杯祝愿："你是最好的，值得最好的男人。"

美食需要细品，
感情更需细水长流

1

我郁闷无比地看着眼前这个公然从我盘子里抢食的男人。今天遇见的这个一定是我这辈子见过的最奇葩的男人，这顿饭，也是我吃的最奇葩的一顿饭。

话说，晚上10点过了，我才将难缠的客户应付完下班。当饿得饥肠辘辘的我冲进唯一还亮着灯的餐馆时却被告知厨师都下班了。不管服务生怎么暗示我已经打烊，我只管把头埋在菜单里说："有什么就端什么上来。我不挑食。"

服务生拉长着脸，态度极其恶劣。但是看在他竟然给我端来了一份我最喜欢的热腾腾的还吱吱作响的烤蜗牛的分儿上，我不但没有生气还兴高采烈起来。

这道菜是将蜗牛肉掏出来之后洗干净，拌上香菜，在烤炉里面烤上几分钟做成的,最重要的是趁热吃。

顾不得蜗牛壳还烫手,我拿起一个蜗牛猴急地撬出肉来就塞到嘴里。香菜、大蒜和奶油混合的香味,蜗牛肉的软嫩多汁让我忍不住闭上眼睛赞叹:厨子手艺真好。等我睁开眼,忽然发现对面多了一个人。那是个衣着考究的男人,正慢悠悠地从盘子里拿蜗牛吃。虽然他长得很好看,虽然他吃得很优雅,但是抢食就是抢食。

我有些恼怒起来,重重地咳嗽了一声提醒那人这是我的东西。

那人无动于衷,又悠然地拿起一片蒜味面包,蘸着汁小口吃着。

我朝服务生使眼色使得眼都要抽筋了,服务生却不理我。好吧,说不定他跟我一样,是加班到半夜,寻了整条街才找到这里,然后服务生只能用同一盘烤蜗牛打发我们两个人了。况且吃这个,没有交换口水的嫌疑。所以我决定忍了。

那人忽然抬头问:"你不吃了吗?"

略带磁性的男人声音和深海似的眼眸,让我的脸不由自主地热了热。我赶紧虚张声势说:"吃,我还没开始呢。"说完便埋下头,决定在光盘之前再不抬头。

等我终于心满意足地抬头,发现那个男人早停了,他在小口地啜着咖啡,默然地欣赏我的吃相。见我抬头,他嘴角微扬:"好吃吗?"

我没想到他会盯着我吃。刚才我狼吞虎咽,难看至极,现在窘得没处躲。我点头,诺诺地说:"那个,我只吃了一半,所以饭钱一人一半。"我低头匆匆将钱放在桌上,逃跑一样地离开了。

2

这条街是这个城市美食聚集的地方。来这里工作两年,我品尝过这条街上的大半餐馆,却从来不曾进过这个法国餐馆。同事们笑我一定是留学时吃怕了。我却知道,是因为心里有个伤疤,到了这里便会被揭开,血流不止。

如果不是今天饿极了,所有餐馆都关门,恐怕我还会远远绕开。说实话,今天的蜗牛很正宗,正宗得一如我在法国留学时吃到的那样。只是那时我还和顾军在一起。

顾军的手艺极好,常去超市里面买上许多蜗牛,然后拌上辣酱烤好。出来的成品吃上去有些像四川辣田螺的感觉。这道菜营养丰富,价格便宜,让我们这两个在异乡的穷学生很是着迷。

我面前常常迅速地垒起一大堆壳子。顾军笑我,干活比蜗牛还慢,吃起蜗牛来却超快。我却常常吮着手指翻着白眼争辩:"吃饭不积极,做人有问题。"

那时候的顾军是我的全部。我曾经以为,他将我捧在手心里肯定一辈子都不会离开我。可是我错了,就在终于熬到要毕业时,顾军却说他不回国了,他爱上了一个家境富裕的法国华裔女孩儿,要和我分手。

最讽刺的是,说出这一切前,他还请我到最好的餐厅,吃了一顿最正宗的法国大餐,其中就有烤法国蜗牛。

他坐在桌子的对面平静地说出这一切后,我忽然觉得刚才吃下去的蜗牛让我消化不了,胃疼得厉害。我头上冒出冷汗来,却勉强笑着调侃他:"你开玩笑吧。我们在一起这么久,你哪有机会认识法国白富美?"

顾军眼中满是怜悯:"我跟她在好久以前就认识了,她很喜欢我的画,一直追我,只是我没有告诉你。"

我咬着嘴唇,一字一顿地问:"为什么?"

顾军笑了一下:"穷怕了。回去又怎么样,最多能当个白领。还要苦个十年八年,才能买得起房子。跟她在一起,我可以少奋斗十年。"

我一直不肯相信这么狗血的事情竟然会发生在自己身上。可是事实是,他不再出现,在我拿到回家的机票时,同时也收到了他结婚的请帖和一张数额惊人的支票。我将支票和请帖原封不动地寄还了他,只字未留。

我忘了那些日子我是怎么撑过来的。只是独自在这个陌生的城市里疯狂工作,让自己变得麻木。

3

让我惊讶的是,我竟然在会议上看见了昨天跟我抢食的男人。他叫简彬,是客户公司的董事长。我曾从公司听到过有关他的传说,说他是中法混血儿,只身回国后白手起家,开了这个公司。关于他是典型高富帅这件事,我有几分不齿,高富帅还跟我抢吃的，真是没有天理。

他也看到我了，惊讶了一瞬之后，冲我悄悄眨眼打招呼。

我忽然想起，昨天晚上在网上向我提了那么多刁钻要求的就是他。难怪他也那么晚才吃饭。

会议结束后，他说为了犒劳我连夜的辛苦工作，今天请我吃法国大餐。我想出声拒绝。只是鉴于昨天已经在他面前大吃特吃蜗牛，我再说我讨厌法国菜似乎有点矫情。

吃饭时我才发现，原来他是个十分有绅士风度的人。大概昨天我们都饿疯了，来不及表现自己，我在心里暗笑。

他说这个方案很重要，要求我们公司派我常驻他们公司，方便沟通。公司一向是谁出钱谁说了算，自然不管我同不同意，便直接把我派了过去。

还好，他虽然工作态度严谨，为人却风趣体贴。如果下班晚，他都会请我吃饭。每次都是法国菜。我有时候恶作剧般点些超贵的，比如松露、比如鹅肝，他似乎也不在意，只是总会帮我加个法国蜗牛。我奇怪他如何知道我对这道菜情有独钟，后来又释然，大概是因为第一次看见我时我吃得太投入。

可能是吃了太多次了，我渐渐不会将这道美味与过去的伤痕联系起来，也能笑嘻嘻地跟他讲除了顾军以外我留学时的趣事。

只是他却让我害怕起来。他开始送我玫瑰，暗地里悄悄地帮我。我一直以为他对我的体贴和温柔是因为他是在那个浪漫国家长大的缘故。后来才知道，他连女朋友都没有，也从未给女孩子送过花。

痛苦的回忆像夏日的雨云一般迅速笼罩了我的心。我不能再让自己傻乎乎地陷进去，然后再受伤害。我有礼貌地拒绝了他的表白。

他说他是认真的，不管多久，只要我让他慢慢靠近就好，哪怕像蜗牛那么慢。

4

我以为，简彬跟这些年追过我的男人一样，如果我始终冷冰冰的，时间一长就会知难而退了。可是他却没有，每日的鲜花和加班送来的外卖从来没有停止过。

送餐的那个法国餐馆服务生告诉我，这些东西是他们老板自己做的。我十分惊讶，那家法国餐馆的老板出了名的高傲，不延时，不送餐，所有菜品做法固定，限量供应。从不为了某个有钱客人的特殊要求而改变。老板虽然自己手艺很不错，却很少为客人下厨。不知道简彬用了什么办法，竟然说服了那家老板。

我不忍心浪费美食，更不忍心拒绝他的好意，只能接受。在第125次拒绝了他的约会邀请之后，我答应了和他一起看电影。那一天他高兴得像个孩子，眼睛发亮，嘴角一整天都保持着上扬。

我有些心酸地低声说："你这又是何苦？"

他摇头："你值得等。"

约会整整一年，他规规矩矩地保持在朋友的距离，连手都不敢碰我的。

有一天夜里，我忽然腹部疼痛难忍，想也不想便给他打了电话。他心急火燎地赶来，将我送到医院。他脸上的慌张无助和心疼，彻底击破了我的防备。还好只是急性肠炎。输液之后，医生便放我回来了。他给我熬好细细的粥时天色已经发白。他顶着两个黑眼圈，叮嘱我好好休息便要走。

我拉着他的衣角，红着脸结结巴巴地说："你不怕我又发作吗？不如你留在这里陪我吧。"其实我是舍不得他这么劳累地开车离开。

他呆愣了一下，便是一阵狂喜，扑上来将我抱在怀里。我窝在他怀里，无比踏实和安全。其实我心里早就爱上了他，只是我自己不愿承认。

我成了他女朋友之后才知道，原来他就是那家法国餐馆的神秘老板。我笑他，亏我还感动于他的用心良苦，原来他只是顺便假公济私。

他只是笑，不跟我争辩。我也懒得跟他计较。反正每天下班都有免费的顶级大厨用空运来的材料给我做法国蜗牛，我求之不得。

甜蜜的日子总是过得很快。我知道他悄悄去买了钻戒，便无比兴奋地等着他向我求婚。只是眼看时间一个月、两个月过去，他丝毫都没有动静。我的心沉到了底。

5

他说今天要让我吃一道特别的法国蜗牛。我有种不祥的预感。果然,他端出来的是拌了辣酱的,我曾无比熟悉的烤蜗牛。我死死盯着那盘烤蜗牛,木然地说:"你和顾军什么关系?"

他坐下来,沉默良久才说:"听我说一个故事。"

他有个同母异父妹妹,患了很严重的心脏病需要做心脏移植手术才能活下去,却一直找不到合适的捐赠者。几年前,有个肝癌晚期的捐赠者,所有数据匹配完美。捐赠者说他不要钱,只要他们在他死后照顾他的女朋友,并且帮他圆一个善意的谎言。那个捐赠者叫顾军。

我的心在停了一下后猛烈地狂跳起来。

他接着说:"顾军弥留之际,跟我讲了很多关于你的事情。他总是一遍一遍地画着你,告诉我,你喜欢法国蜗牛。"

我低下头,紧紧握住自己的手,指甲嵌进自己手里也不觉得痛。

他说他找了我几年,却都只找到名字相同的人。直到一年前那天晚餐看见我。

他原本打算,让我吃一辈子免费法国蜗牛,暗地里帮助我来实现自己对顾军的承诺。直到他发现他爱上了我。他很彷徨,害怕我知道真相会拒绝他。可是如果不告诉我对我和顾军太不公平,他会良心不安一辈子。

我的眼泪止不住地流了出来。

他拿出了戒指,怯怯地说:"李红,我爱你,不是因为顾军。我只能说是天意将你带到我的身边。现在你知道了一切,你愿意嫁给我吗?"

我笑了,抹干净了眼泪,接过戒指,大声说:"愿意。你怎么不早说,你个大傻瓜。"

他红着眼搂紧了我。

我在他怀中闭上了眼睛,暗暗地说:"谢谢你,顾军。"

6

简彬为了找到我才特地去学做菜,然后开了这个法国餐馆,可惜一直没找到我。

那天他从公司出来,饿得饥肠辘辘,所有餐馆都关了门,就连他的大厨都下班了。所以他只能换衣服,用仅剩的食材给自己做了一份烤蜗牛。正当他洗手换回衣服准备好好享受美食时,却发现蜗牛被不知情况的服务生端出去应付最后一个客人了。

当看见桌边上那个闭着眼细细品味蜗牛的人是他久寻未得的那个人时,简彬的心都要跳出来了。他竭力若无其事地坐到桌边,一边默默看着我,一边和我一起吃他刚刚做好的美味烤法国蜗牛……

白莲花和南瓜花的爱情观

1

我第一眼看见白素,简直惊为天人。按照章小青的话来说:"怎么会有长得这么好看的人?我要是能长得有她一半好看就心满意足了。"

白素的美很纯净。因为她,我们宿舍一开学就出了名。楼下常常同时有好几个男生在等她。白素似乎早就习惯了成为焦点,所以对惊艳的目光很淡定。

认识了她之后,我才知道长得好看的好处:男生会心甘情愿为你做一切,连带着你身边的同性也沾光。

我们常常下课回来就发现所有热水壶都是满的。

而白素则会轻描淡写地说:"有几个男生非要给我打水,我只有两个水壶,索性叫他们帮我们宿舍所有人的水壶全部打满。"

其他人笑嘻嘻地道谢并且接受。孙蕾蕾翻着嫉妒的白眼不出声。郭睿懿则会默默把水倒了,然后自己去重新打回来。

白素除了漂亮,还很聪明,家境也不错。

我那时总觉得老天很不公平,把所有优点都给了她一个人。

白素完全不像我那样多两个人追求就不知所措,而是对所有追求者都很淡定,不拒绝,也不接受。按照郭睿懿的话说:"她这是留下无数备胎,然后等待条件最好的那个出现。"

于是开学不到一个月,我们宿舍楼下就多了很多要死要活逼着白素表态的男人。

白素跟女生的关系很微妙。女生除了羡慕、嫉妒,还有些对她不屑。

我其实很好奇,像她这样条件拔尖的女生,到底要什么样的男人才能让她动心呢?我能想象到的最高要求,就是在孙蕾蕾说的条件上再加一等:"非常英俊、非常温柔、非常体贴、能力超群、能做家务、能开公司。"

郭睿懿对白素一直抱着一种敌意,说白素心机深沉,远没有表面看上去那么清纯无害。

我有些不以为然,觉得郭睿懿大概是嫉妒。

只是时间长了,我也渐渐体会到了郭睿懿的意思。

比如,白素对我总是一副冰山模样,转身看见男生就能立刻摆出温柔浅笑,一脸娇羞的模样。

比如,她会把男生送的廉价小礼物转手送给别的女生,然后让人家替她跑腿。

比如，她会在别的女生想要接近心仪对象的时候，假装漫不经心路过。

比如，她只跟她觉得各方面条件可以跟她媲美的女生交往，对其他女生不屑一顾。

我在她眼里一直属于路人甲。直到韩楚天捧着花跑来宿舍下面表白，我才像是那得道升仙的人养的鸡犬一样，在白素眼里地位瞬间提高，她才正眼看我。

总而言之，她让我很不舒服。

2

章小青，是我们宿舍年龄最小的，一头短发，大大咧咧，性格像男孩子。最重要的是，她还是跆拳道高手，常常乐呵呵地充当我们的保镖。

章小青所在跆拳道队的队长，叫沈慕玄。沈慕玄人长得帅不说，气质温和，为人老成，听说家里还很有钱。在迎新会上他作为老生代表发言，就已经用俊朗的外表和深沉的嗓音迷倒了一大半女生。后来在跆拳道社团表演时，他又用一记超炫的后旋踢迷倒了另外一半女生。于是，几乎所有女生都成为了他的忠粉。

孙蕾蕾很早就把他列为了目标，不过看过他在对打训练时的狠辣后，她立刻就放弃了这个打算。

沈慕玄一早就放出话来，不收没有基础的女生，来杜绝那些想要通过参加社团来接近他的女生。平时他的时间又很满，除了上课做设计，就是练习跆拳道。所以，对女生来说，他身边像是被筑起了一道围墙，根本靠近不了。

而章小青是一个特例。她练了十几年跆拳道，最开始却没有打算加入跆拳道社团。因为她想要在大学里面让自己变得更有女人味一点，所以打算加入舞蹈队。

那一天是社团招募日。所有社团都在广场上支起了摊子。跆拳道社团的摊位前面除了雄赳赳的男生就是来打听沈慕玄的娇羞小女生。

沈慕玄很晚才来。章小青那时刚好在跟舞蹈队队长磨，请对方收下她。

舞蹈队队长被章小青纠缠得不耐烦了，尖酸地来了一句："你进舞蹈队跳什么角色呢？男生？还是女生？"

章小青一怒之下，拍碎了舞蹈队长面前的桌子，吓得那个娇弱的女生花容失色。

入舞蹈队自然是无门了，章小青却因祸得福被沈慕玄看上了。沈慕玄竭力来游说她加入跆拳道队。章小青叹息一下命运弄人之后，就欢乐地接着打跆拳道去了。

周六日没事干，她就混到男生宿舍里面去跟沈慕玄斗地主。男生宿舍的宿管从来不拦她，因为不细看，根本看不出她是女生。

后来我看章小青打跆拳道的时候，常抹着冷汗想："妈呀，还好当年队长没有收她。不然她这么彪悍的，跳舞的时候一个不小心我们就会全部被她踢下台。"

如果说白素是一朵清雅高傲的白莲花，那章小青就是一朵南瓜花。不提醒，也许别人还想不起来，她其实也是一朵花。

章小青每每谈起沈慕玄就是一副娇羞的小女人模样，让人忍不住叹息："就算是南瓜花，也到开花的时候了。"章小青也躲不过沈慕玄的魅力。

我却觉得沈慕玄对章小青一点男女之情也没有。因为在他表演旋踢时，就是章小青拿的板。

试问，有哪个男生会让自己心仪的女生冒着被踢飞的危险站在台上拿板子呢？

沈慕玄要不就是对自己太有信心，要不就是如章小青所说，沈慕玄把她当成男生和绝佳的陪练。这种情况之下，章小青自然是把爱慕压在心底，一点也不敢表露出来。

这个大大咧咧的女生，到了爱情面前，却畏首畏尾了。

章小青对宿舍的人热心得要命，有求必应。白素常常要章小青陪着她出去见那些男生，有时候，还要她传话，跑腿去楼下取男生送来的东西。章小青仿佛成了白素的仆人。

"你不要被她利用了。"郭睿懿好心提醒章小青。在郭睿懿看来，白素肯浪费时间同章小青周旋本身就是个阴谋，她想要找护花使者，大把男生会自告奋勇冲上来。

章小青通常都是挠着头干笑回应郭睿懿："嘿嘿，没事，反正闲着也是闲着。"

3

有一天，白素满脸恼怒，眼里含泪回来。章小青追问她怎么回事。白素说和一个认识了很久的男生去看电影,结果在回来的路上,那个男生想要强吻她,她力气太小挣扎不开被人非礼了。

我们面面相觑。白素通常是不会冒这种险的。因为这么做,一来她会吃亏,二来被人看见会有流言传出来阻断她等待真命天子的路。

章小青立刻义愤填膺,卷袖子说:"谁啊?这么大胆,我替你去教训他!"

"不用了。"白素泪光涟涟,"都怪我自己太弱。"

她那梨花带雨的样子,我看了都心疼。

章小青是热心肠,又把白素当好朋友,自然受不了白素的眼泪,立刻说:"不如你参加我们社团吧。"

"我可以参加吗?"白素抬起泪眼,弱弱地问。

"当然!我跟队长求情的话,他应该能网开一面,实在不行,就不做正式队员,只跟着学几招防身的本事就算了。"章小青很高兴自己想到了这个办法,所以咧着嘴笑了起来。

"嗯,那就麻烦你了。"白素一脸感激,眼里闪过不易察觉的得意和兴奋。

原来如此,她肯放下身段跟章小青做朋友,最终目的是这个。我恍然大悟。

在章小青的竭力推荐之下,沈慕玄才肯让白素加入跆拳道社团。我立刻跟章小青说我也要去。

我从来都是看热闹不嫌事大,能看现场直播当然更好。而且,我也很好奇,白素这朵白莲花,到底要怎么做才能融化沈慕玄这座冰山。

仗着韩楚天的面子,沈慕玄收下了我这个打酱油的。他把我派给了章小青,然后亲自教白素。

说什么铁桶一样的男人,看见美女,还不都是迫不及待?我在心里暗暗鄙视了一下沈慕玄。

4

每天都是蹲起跳、俯卧撑和踢板,我被折腾得浑身痛,才几天就想放弃了。只是,我太想知道白素到底要怎么接近沈慕玄,所以只能咬牙死撑着。

白素倒是很有毅力。沈慕玄要她做的练习,她一声不吭,咬着牙全部完成。沈慕玄看她的眼神也从不以为然渐渐变成了欣赏。

哦,这是投其所好吗?我在心里揣摩。

沈慕玄说,他今天要走开一会儿,在这期间,大家来一个短时间的对练。我想跟白素练习,白素却理都没理我径直走向了章小青。我摸了摸自己的耳朵,找了个看上去最弱的同学。

章小青有些犹豫:"我的手脚没轻没重的,等下怕伤了你。"

"没事没事,我没那么弱,再说我也会躲。"白素安慰她。

章小青还是不肯。白素坚持说跟高手练习才能进步快。章小青犹豫再三,却经不住美女的一再恳求。

我隐约嗅到了阴谋的味道,停下来观战。

开始还很正常,章小青和白素小心翼翼地你来我往。过了一会儿,白素忽然用起了阴狠的招数,专攻章小青的要害。虽然,白素才开始练习跆拳道,没什么攻击力,但是她这种做法,彻底激起了章小青的自我保护本能。章小青也慢慢认真了起来。看得出来,不论是攻击还是防守,章小青都比刚才要用力了许多。

我看得心惊胆战,想要叫停。白素这时又一次想要用脚踢章小青的头。章小青抬手挡了回去之后,下意识就回了一个旋踢。

诚实地评价,她的旋踢很漂亮,像一道凌厉的旋风,如果是比赛,一击就可以打败对方,可是现在对手是白素。等章小青想起这件事的时候,已经收不回腿了。白素痛苦倒地。我们倒吸了一口气。

刚好沈慕玄从门口进来,厉声喝道:"章小青!"

章小青白了脸,站在那里不知所措。

沈慕玄忙跑过去查看白素。

白素泪眼汪汪,满头冷汗,却咬着唇不肯出声,嘴里还说:"不怪章小青,是我自己不好。"

沈慕玄想要扶白素起来。白素"嘶"地倒吸了一口冷气。我们这时才发现她脚踝肿了。沈慕玄背起了白素,眼神严厉地看了一眼章小青,就往医务室去了。

章小青张了张嘴,却说不出话,最后红了眼,低下了头。

哎,可怜的娃,她身边唯一一个靠谱的男生都被白素给撬走了。她的恋情还没发芽就枯萎了。我伸手拍了拍她的肩膀，叹息了一声。

5

白素只是肩膀淤青和脚踝扭伤。我总觉得这件事绝对没有那么简单，但是到底哪里不对我也说不上来。

章小青消沉了好几天，不肯去跆拳道练习馆。郭睿懿这个面冷心热的人，看不下去，问我到底怎么回事。我把那天的事情说给她听，郭睿懿就冷笑说，这分明就是白素在挑衅章小青，然后算好了时间，让沈慕玄看见章小青攻击她。现在章小青彻底没用了。估计以后白素都不会再理睬章小青了。

我皱眉把事情前后想了一遍，觉得郭睿懿说得很有可能，但是又觉得白素这么做风险太大。

"可恶，白素身边分明不缺优质男生，却还要设陷阱坑章小青。说白了，就算沈慕玄真的喜欢上了白素，她也不一定真跟沈慕玄在一起。"郭睿懿恶狠狠地说。

白素进来，没有理睬我们，坐下来对着镜子涂涂抹抹。

章小青也进来了，走到白素面前红着脸问："你的伤好了一点没有？"

白素微微一笑："谢谢你的关心，慕玄给我拿来了很好的药膏。我的伤已经好了很多了。"

这就是赤裸裸的炫耀！

楼道里响起宿管阿姨的声音："903，白素，有人找。"

白素一改往日的磨磨蹭蹭，立刻起身走了出去。

我和郭睿懿交换了一下眼神，拿起水壶，倒了里面的水，然后一左一右拖着莫名其妙的章小青下了楼。

我们拎着空水壶，站在远处假装聊天，其实是想听听沈慕玄和白素说什么，可惜胆子太小，隔得太远，什么也听不见。

白素笑得杏眼微眯。沈慕玄背对着我们，我们看不见表情，所以连猜都没有办法猜他到底是什么态度。这真让人干着急。

他们两个最好不要成，不然真是太让人气愤了！我在心里默念。

其实光看见沈慕玄主动来找白素，就已经让我们很心灰意冷了。按照沈慕玄的个性，如果不是对白素有好感，就算拿刀架在他脖子上，他也未必肯来。

而白素也表现出前所未有的积极。怎么看，他们两个都能成。

沈慕玄和白素结束了谈话后往我们这边走来。

平时大大咧咧的章小青此刻慌得就像受惊的小鹿。她不知道往哪里躲，最后躲到了我身后。

哎，这姑娘什么都好，就是在这方面有点自卑。我叹息了一声。

沈慕玄直接走到我面前，目光像是能穿透我一样，直瞪瞪地看着我身后的章小青说："那个拿板子的，你都好多天没有来了，打算偷懒到什么时候？晚上一定要来练习！"

章小青头都不敢抬，在我身后，声音细若蚊蚋地答应了一声："嗯。"

　　章小青好歹也是个姑娘，虽然长得不像，你也不能这么叫她！我在心里暗暗抗议了一声，却不敢说出来。不是本姑娘没出息，实在是沈慕玄的气场太强大。

　　一来是沈慕玄点名，二来是我们都劝章小青没有必要为了这么一件小事就放弃自己最喜欢的东西，所以她当晚就恢复了参加跆拳道社团的活动。其实我们说的"东西"暗指沈慕玄。章小青以为我们说的是跆拳道。

6

　　白素没有如郭睿懿所说的那样不理睬章小青，反而给章小青介绍了一个男朋友。这个男生我见过，叫胡杰，是白素众多追求者之一。他曾销声匿迹了一段时间。

　　胡杰长得还算顺眼，身高什么的各方面条件都还凑合。按照旁人的眼光，配章小青真是绰绰有余了。

　　章小青有些受宠若惊，自然不会拂了白素的好意，就算是不愿意，也勉强答应了与胡杰看电影的要求。每次章小青去约会，白素都会替她精心打扮。

　　郭芳说这是黄蜂尾后针，还有后招。

　　这一天，章小青因为被胡杰约走了没去跆拳道馆。白素也精心打扮了自己，带着微笑走了。

　　怎么想都觉得奇怪，我打算好好观察一下。原本已经放弃跆拳道的我又厚着脸皮去了。

白素见我来了，一点好脸色也没有给我。我也不理她，冷眼看她在沈慕玄面前演的一手"白莲花"的戏码。白素跟沈慕玄说章小青今天"亲戚"来了，所以要请假。

在我看来，白素积极主动唱独角戏的时候多，沈慕玄半推半就，应付的成分多。

忽然我有一个大胆的猜想，需要马上证实一下。压抑着内心的激动，我趁着白素"体贴"地去买水的时候，窜到沈慕玄面前，揪着他的衣服就往外拖。

沈慕玄莫名其妙："干什么？是不是要我把韩楚天叫来才能压住你？"

"别紧张，我对你没兴趣，只是想带你去看场好戏，只耽误你一会儿工夫就行。"我龇牙笑了笑。

沈慕玄跟练习室里的人说让他们自己练习一下就跟着我走了。

其实刚才我就给章小青发短信了，问她在哪儿。章小青回信说，胡杰要带她去看花，现在正往花园最深处走。

找到章小青后，我拉着沈慕玄躲在花丛后低声说："章小青不是来月经了，是被人约到这里来了，这个人还是白素介绍给她的。"

沈慕玄的脸阴沉了下来。我心里暗笑。

胡杰想要牵章小青的手，章小青甩开了。胡杰上前了一步说："你们这些女孩子都是这样，分明勾引我却要装作无辜的样子。白素是这样，你也是这样。如果不是白素说我要是能拖住你一个月她就跟我亲热，我才懒得理你呢！"

章小青彻底怒了，一把揪住胡杰的手往后一扳："原来上次非礼她的是你？"

哎，傻姑娘！你根本就没有听到这句话的重点。我叹息了一声。

胡杰杀猪一样叫了起来，混乱中用脚踹了章小青一下。

沈慕玄立刻冲出去了，一个巴掌就把胡杰扇飞了，然后目光森然地盯着章小青不说话。

章小青心虚地结巴着："那个，是白素介绍的，我不来就浪费了她的好意。"

"章小青，你是不是傻啊？别人利用了你，你还替她说话。"我也忍不住窜了出去冲章小青嚷嚷。

我打开手机递给沈慕玄："因为好奇，我把章小青和白素对练的过程录下来了。这几天白素总缠着你，我一直找不到机会给你看。"

沈慕玄越看脸越沉，最后狠狠把手机还给我，开始数落章小青："你被人这样陷害还不知道出声吗？"

"我看你跟她那么好，不忍心说这些，怕破坏你们的关系。"

"你脑子有病啊？要不是你踢伤了她，我要为你赔罪，我才懒得应付她呢。"沈慕玄声音越来越大。

我一看情势不对立刻溜了。

"你喜欢她就喜欢呗，跟我有什么关系？"身后传来章小青的声音。

章小青，你真是蠢死了！一到关键时候就犯浑，一到关键时候就作死,我也救不了你了。我在心中狂呼,然后脚下走得更快了。

身后忽然彻底安静了。我歪头想了想:"嗯,莫非沈慕玄恼羞成怒,把她掐死了?或者他用更过分的方法让她闭上了嘴?比如,直接用嘴堵住她的嘴。啧啧,好残忍。"

7

沈慕玄跟章小青开始公然出双入对,大家都知道了,沈慕玄在追章小青。只不过,他们两个约会的方式让我很不齿。

"怎么样,今天有空吗?"

"嗯,要不晚上一对一来打一局,我让你三招。"

"切,谁要你让?"

"好,有种,谁先趴下谁请客。"

韩楚天怨我给他兄弟挖了个坑。我说,就算是坑也是他自己挖了然后心甘情愿跳进去的。

虽然我们对于他们三个之间发生的事情一个字都没有透露,却还是没有阻挡住好事者的嘴。白素成了笑话。

暗地里,大家都说她用尽心机,还不惜害自己受伤,最后却只是促成了原本就情根深种的沈慕玄和章小青。

胡杰来找白素麻烦,在楼下叫骂,说白素没有告诉他,章小青原来是跆拳道队的,男朋友还是跆拳道队的队长,简直坑死他了。

白素很多天都不敢下楼。直到胡杰被另外的女人迷住不再来找她,她才恢复正常的生活。

沈慕玄的事情仿佛成了白素生命中的转折点。她肆无忌惮地暴露出了白莲花的嘴脸。有个女生的男朋友开了一部跑车停在楼下。白素看见了,便去打听,知道对方是实打实的高富帅后,就想尽一切办法,把那个男的抢了过来。

为了迎合对方,她开始出入夜店,整夜整夜不回来。原本专业名次前五的她已经退步到了很多课需要重修。

章小青在楼道里劝过白素,说那个富二代既然能轻易地甩了前女友,绝对不是什么好东西。

白素冷冷地回答:"我的事情轮不到你来过问,你不会还天真地以为,我真的把你当朋友吧?"

她们之间的谈话,在有人出现在走廊里的时候就结束了。

白素我行我素,根本不在意别人的看法。

我曾见过白素脸色苍白、满头冷汗,步伐不稳地回来,原本想要关心她却被她冷冷的眼神吓退了。后来毕业的时候清理宿舍的垃圾时,我才看到她压在床垫下的诊断证明。上面医疗术语我看不太懂。郭睿懿说那是堕胎的意思。这时我们大家才知道,她曾经为高富帅怀孕又堕胎。

虽然她花了这么多心思,却还是没有留住对方。到我们毕业的时候,那个富二代甩了白素。虽然成绩一般,但白素凭着自己的长相去了一家大公司做秘书。后来,她再没有联系过我们,就连十年同学会都没有来。

章小青嫁给了沈慕玄,留起了长发。如果不是她用拇指轻易撬开啤酒瓶盖,我们几乎要忘了,她曾是个善于跆拳道的假小子。章小青对白素总怀着一种愧疚,到了聚会的现场就开始四处打听白素的下落和近况。

有同学跟白素当年应聘上了同一个公司,说白素才到公司半年就成了董事长的情人,然后还给对方生了个儿子。董事长也没有离婚,就这么享受着齐人之福。董事长的正房妻子知道白素的存在却只能默许。白素现在出入坐着名车拿着名牌包包,也算是实现了她的最终目标。大概是怕有人知道这个事情来问她,所以,她索性就不来了。

"唉!都怪我,她才会错得越来越离谱。"章小青红了眼眶,盯着啤酒杯里的酒喃喃自语。

"别傻了,她那种个性和为人,迟早有这么一天的。"我们都这么安慰章小青,心里却在叹息那朵美丽的白莲花如今彻底地陷入了淤泥之中……

情如饮酒，
半醉最好

1

张涵寒觉得这是她喝过的最难喝的红酒，又酸又涩，难以入口。虽然，这是王成远特意点的她最喜欢的拉菲。

其实酒并没有问题，只是张涵寒惊魂未定，无法平心静气地细细品味。

刚才王成远带着她到了商场僻静的咖啡馆里，说他有一场好戏给张涵寒看。张涵寒开始还在好奇王成远会给她什么惊喜，直到谭啸海牵着李茹欣出现。

谭啸海和李茹欣就好像一对情窦初开的小情侣在商场里面游走，就连路过张涵寒的面前也浑然不觉。谭啸海不知道在李茹欣耳边说了什么，把李茹欣逗得开心大笑。李茹欣则像个妻子一样，拿着外套和衬衣在谭啸海的身上比画，谭啸海微笑地拉着她的手亲吻着她的手背给予她温柔的回应。

张涵寒的心又冷又痛羞愤难当,实在是看不下去了,就噙着眼泪,落荒而逃。

结婚五年了,谭啸海从未给过她如此的情调和热情。

王成远追上了她,将浑身颤抖的她带到他开的会所里。坐下后,王成远原本要上茶,张涵寒却说,她想喝酒。

拿来了拉菲,王成远斟了一小杯放在她面前。张涵寒的眼泪却忽然流了下来,一滴一滴地掉在红酒里。

王成远心里也很难受,勉强笑了一声,说:"别哭,为那两个不知羞耻的人哭,不值得。"

张涵寒再也忍不住,捂着脸低声抽泣:"虽然我们是被逼着结婚的,可是这些年,我对他尽心尽力,他怎么能这样对我?"

她忽然意识到王成远也是受害者,他心里一定也很不好受。

况且,她对着曾经如痴似狂一般爱着她,却因为穷困而被她家拒绝的王成远说这些,似乎有些讽刺。他们分手之后,他喝醉酒,不小心把别人打伤了,进了拘留所。等王成远再次找到张涵寒的时候,她已经嫁给了谭啸海。这件事对王成远的伤害一定不比现在轻。

只是现在如此之讽刺!原本穷困潦倒的王成远现在开着奔驰带她去捉奸,而那个富家子弟谭啸海却要靠她养活,还背着她干这些无耻的事。

张涵寒想要把自己灌醉,可是一整瓶酒见了底,她头痛欲裂却依旧清醒得很,那两个人亲昵温柔的样子总在她面前晃来晃去。最后王成远看不下去了,硬抢下了酒瓶,把她送到了家门口。

Z

等王成远告辞了,张涵寒就独自一人红肿着眼坐在自己家的沙发上。

客厅里没有开灯,漆黑一片。直到深夜,门才忽然一响,谭啸海终于回来了。

开了灯看见张涵寒和她那哭得红肿的眼睛,谭啸海疲惫的脸上满是惊讶和慌张。

张涵寒淡淡地说:"我们离婚吧。"

谭啸海手足无措地哀求:"我找到工作了,以后我养你。"

张涵寒摇了摇头,打开手机,播放刚才录下的视频。这是王成远不知道什么时候从她包里拿了她的手机录下来的。王成远说,他自己也录了,这是为了取证自我保护。

王成远一直都比她多个心眼,张涵寒在会所里接过手机时,还在心里暗暗苦笑。现在谭啸海的哑口无言又让她庆幸,还好王成远多了个心眼,不然要是谭啸海打死不认,她笨嘴笨舌的,也拿一向口齿伶俐的谭啸海没有办法。

如今事实胜于雄辩,谭啸海很是尴尬,脸上还有张涵寒看不懂的复杂表情。他沉默了一会儿,走到酒柜边拿出仅剩一瓶的茅台和两个酒杯说:"自从爸爸过世,公司破产,就再没有人陪我喝酒。你陪我喝一杯,明天就去离婚。"

张涵寒没有想到他会这么爽快,坐下来拿起斟满的酒杯一饮而尽。她有些惊讶,这个酒兑了水,很淡,淡得让她这个爱喝酒的人觉得寡然无味。

谭啸海苦苦笑了一声:"很淡是吧?其实这个酒,就像我们的婚姻。原本是一瓶好酒,可惜,掺杂了太多的水分。"

张涵寒也觉得自己嘴里苦苦的,是啊,谭啸海一表人才,对她一直很客气。如果他们不是被迫匆匆地结婚,而是像别人一般慢慢恋爱,说不定日子要甜蜜得多。便不会像现在这样,淡淡的,似有若无。

他们这段婚姻伤害了她、谭啸海、王成远,还有传说中谭啸海的心上人。喝了几杯后,借着酒力,她问:"难道李茹欣就是你心里的那个女孩子?"

她努力装作若无其事,可惜语气中还是不知不觉地带上了一点酸味。

谭啸海的手顿了顿,不置可否。

3

谭啸海果然不食言,第二天就去办了离婚,而且净身出户。临别时,他从怀里掏出一条白金手链说:"今天是我们结婚八周年。我昨天预支了工资,买了这个给你,现在就当分手礼物吧。"

张涵寒知道他如今拮据得很,不肯要。

谭啸海却把东西放在她怀里，头也不回地走了。

王成远没有这么顺利，李茹欣又哭又闹，死活不肯离婚。他心里烦闷，便来找张涵寒喝酒。

他们像八年前那样，喝着啤酒。那个时候王成远穷，又不肯占便宜，所以他们在一起时只能喝啤酒。他们的爱情也像是啤酒那样廉价、痛快，却只能用来平息燥热的青春，不适合细酌慢饮地享受。

他们说着往事，不知不觉就喝多了。王成远用力抱着张涵寒。张涵寒也有些醉了，心中对他愧疚，所以也半推半就。王成远抱着不撒手，张涵寒觉得有些尴尬，想要推开王成远。

王成远在她耳边低声说："现在我能给你一切了，不要再推开我。"

张涵寒听着，当年的伤心和不甘又涌上心头。不知不觉就松开了手。

王成远把下巴放在她头顶，声音似是悲凉，又像是喜悦："八年了，我终于又能抱着你了。"

李茹欣忽然同意离婚，而且没有要多少财产。

张涵寒觉得惊讶便悄悄打听，才知道李茹欣和谭啸海不是简单的情人关系，还涉及到金钱交易。王成远就是抓住了这一点，拿出了确凿的证据要挟李茹欣离婚。

张涵寒静下心来想一想，忽然觉得又气又怕。气的是，谭啸海竟然还拿她辛苦赚到的钱给别的女人花；怕的是，这么短时间之内，王成远如何能对李茹欣的资金来源这么清楚，看来是谋划已久。王成远的心机现在真是深沉得可怕。

4

王成远带着珍藏的香槟来找张涵寒,说要庆祝两人恢复自由。

琥珀色的美酒在郁金香形玻璃杯里翻腾,香气四溢。

王成远一边倒酒,一边说:"当年和你一起喝啤酒的时候,我就发誓,有一天,我一定要和你一起喝最贵的香槟。"

张涵寒浅浅抿了一口,香醇清新,泡沫细腻丰富。其实,香槟的颜色和啤酒有些相似,只是两种酒的口味差了那么多,价格也是天壤之别。

王成远忽然问:"当年你不等我出狱就直接嫁了,是为什么?"

张涵寒没有想到他会忽然问这个,一时不知道该怎么回答。

王成远苦涩地一笑:"那时我想不通,像疯了一样赚钱,你知道吗?我甚至打过四份工,白天两份,晚上还跑两个夜场。"

张涵寒惊愕地望着他,心里一阵酸痛,忍不住红了眼。没想到虽然过了这么多年,听他说起所遭受的折磨,她还是会如此难受。

王成远接着说:"我在夜场认识了李茹欣。她迷上了我,给了我一份工作,后来还嫁给了我。我为李家做牛做马八年,才终于等到了李茹欣父亲过世,我独自掌管公司。我有钱有势了,我要报复,要谭啸海也尝尝我的苦。"

张涵寒的嘴唇哆嗦着,说不出话来。

王成远笑了一声:"李茹欣这些年在外面一直没有断过找别的男人。我提出离婚,她就去夜场喝得大醉。我约了谭啸海,却故意没去,而是让人把李茹欣领到谭啸海面前。李茹欣以为谭啸海是那里的工作人员,便许诺谭啸海,如果让她快乐,她就给他足够过下半辈子的钱。谭啸海大概和当年的我一样,太需要钱了,所以就应了李茹欣,每天的工作就是陪着她。"

张涵寒仿佛掉进了冰窟一般,手脚冰凉。她攥紧了自己口袋里的手链,原来金钱交易,出钱的是李茹欣,不是谭啸海。

王成远低声说:"我错了,我原想报复你们三个。昨天谭啸海才告诉我,当年你跟他结婚,是因为你怀了我的孩子。他给我看了一张诊断证明,他八年前被伤了下腹,便不能生育了。他瞒着你,是怕你离开他。他要我不要再恨你,好好对你。"

张涵寒往后退了一步,艰难地说:"你为什么告诉我这些?"

王成远像个孩子般垂下头说:"那天你父亲逼我跟你分手,我悲愤交加,去买醉没想到闯了祸。当时我身边只有两个人,一个是谭啸海,我醒了之后,他就不见了;一个是跟我起争执的,满身是伤躺在我身边。所以我以为是谭啸海嫁祸给我。"

张涵寒张大了嘴,心里涌上不好的预感。

"昨天我去查了案卷。原来，我被那人推倒晕过去之后，那人还不罢休，拿着碎酒瓶子朝我扑过来。谭啸海拦住了他，自己却受了伤。那人踩到了酒瓶，摔倒在地，正好插在碎酒瓶上。事发点没有录像，我手里握着沾着血半截酒瓶，所以警察花了几个月才证明我的清白。这些年我不但错怪了你，还错怪了谭啸海。"

张涵寒没有再听王成远下面的话，她像个疯子一般跑出来，心里只有一个念头，她要找到谭啸海。

5

张涵寒找遍了所有谭啸海可能去的地方。她甚至去了她从不光顾的夜场，才终于看到了谭啸海。他一个人坐在江边喝着闷酒，身边放了好多空的酒瓶，全是廉价的红酒。

张涵寒慢慢地走到他身边坐下。

谭啸海冷冷地说："你还来找我干什么？我们已经离婚了。你现在需要的是能帮你买拉菲的人。"

张涵寒低声说："王成远都告诉我了。"

谭啸海苦笑了一声："他果然是心狠，连最后一点尊严都不肯留给我。"

张涵寒流着泪问："我只问你一句，结婚前，你心里那个人，是我吗？"

谭啸海没出声，狠狠灌了自己一口酒。

张涵寒抢过了酒瓶，仰起头大口大口地喝着。

谭啸海忙抢回来，皱眉说："别喝那么多，这酒不好，会上头的。"

张涵寒哭了，捶打着谭啸海："你为什么不告诉我你早就知道，害我这些年小心翼翼，浪费了这么多年。你怎么就一口咬定，我不能和你共苦，喝不得这廉价的酒？"

谭啸海从未见过温柔娴静的张涵寒这样哭闹，有些不知所措："我弄脏了自己，我对不起你。"

张涵寒停下手，缓缓伸手抱住他："不急，你还有一辈子来慢慢补偿我，我愿意等。哪怕是一辈子跟着你喝最廉价的啤酒，我也心甘情愿。"

如果爱情
也能做筹码

1

赵丽娟虽然长相一般,可是却有着170cm的身高和一双让我羡慕的大长腿。

开学那天,是她父亲送她来的。他们父女俩面对面坐着,膝盖并拢,两手放在膝盖上,拘谨得好像电视剧里的严肃人物之间在谈话。

其实她父亲反反复复就是那几句话:"好好学习,好好跟同学相处,不要太节省。"

她父亲走的时候拎起了门边的编织袋。我好奇地看了一眼,回头却发现她红了脸。

不知道是因为家庭条件比较差所以比较自卑,还是生长环境造成了她心机深沉的个性。我们宿舍的其他六个人没有一个能跟她有深交。她总给人一种隔着雾遥望的感觉。一直在那里,却永远看不分明。

我真正对她的了解开始于篮球队。大概是因为她嘴甜喜欢跟教练说话,而且身体条件好,篮球的基本功又很扎实的缘故吧,她跟教练的关系好得就像母女俩。

因为篮球教练的关系,她进入了院学生会。虽然只是一个小干事,她却认识了一大帮学生会干部,包括院学生会主席,我们的师兄齐正则。

赵丽娟开始追齐正则的时候,我们好惊讶。齐正则比我们大两届,其貌不扬,身高还没有赵丽娟高。

可能吸引赵丽娟的是齐正则的内在吧。我们这么想。

一般来说,只要女生条件不是太差,女生追男生都不会太艰难。特别是在我们这个按比例有70%以上的男生只能做单身人士的大学。赵丽娟只花了一个月,就顺理成章地成为了齐正则的女朋友。

于是,我们立刻看到有个学生会主席男朋友的好处了。赵丽娟第二个学期就成了体育部部长,在齐正则的指点下,跟学院所有的老师都混得很熟。

因为齐正则的关系,她还顺利地认识了校学生会的干部,然后她进入了校学生会。所有老师提起赵丽娟都赞不绝口。她在同学里面却很低调,总是温和谦虚的样子,小心翼翼,尽量不树敌。

7

我见过赵丽娟和齐正则约会的样子。齐正则搂着她,说不好听一点,就像一只挂在树上的猴子,看着别扭得很。

她一定很爱齐正则,所以才能接受他的一切。我一直这么认为,直到有一天,我看见她看韩楚天的眼神。

那天我坐在教室里面等在球场上疯狂够了再来找我吃饭的韩楚天。赵丽娟后进来,没有看见我,直接走到我前面的一个座位坐下。因为大家都在安静地自修,我就没有跟她打招呼了。

后来韩楚天进来了。我之所以能确定他真的爱我,是因为,不管他在哪里,不管他的个性多么木讷内向,只要看见我,他就会不由自主地微笑起来。

赵丽娟也看见了韩楚天。从她那个方向看上去,韩楚天好像在看着她笑一样。我惊讶地发现赵丽娟红了脸,嘴巴微微张开,眼神中显出痴迷和惊喜的光。我第一次看见她对男人有这种表情。她看齐正则的时候,眼神温和而又淡然,更像看一个老朋友。

韩楚天走近了才发现赵丽娟也在。他收起了笑,抬了抬眉冲赵丽娟用他一贯平淡的口气说:"你也在这儿?"

赵丽娟不知所措,低头红了脸结结巴巴地应了一声:"嗯。"

韩楚天不再理会她,直接走到我身边,搂着我的肩膀:"走吧走吧,我的书虫,我快饿死了。"

赵丽娟的目光一直跟着韩楚天,最后落在韩楚天放在我肩膀上的手上:"你们?"

哦,对了。韩楚天捧着花跟我表白那天,她刚好参加校学生会的活动去了,所以没看见。

"嗯,现在她是我的了。"韩楚天言简意赅又霸道地说明了我们之间的关系。

惊讶、无奈、失望、伤心和嫉妒,许多种复杂的感情从赵丽娟眼里闪过,快得像夏天夜里的闪电。她微微一笑:"哦,祝贺你们。"

韩楚天一向不喜欢跟人寒暄,立刻拉着我走了。

我能感受到赵丽娟的目光一直在我们身后。

难道,她喜欢韩楚天?我低声向韩楚天求证。韩楚天皱眉:"不知道也不想知道。"

这件事从此变成了一个谜,无从查证。

3

从那以后,我对赵丽娟和齐正则的关系有了新的认识。齐正则像个温和的兄长,把赵丽娟照顾得无微不至,竭尽所能地帮助她。赵丽娟则心安理得地享受着齐正则带来的好处。

郭睿懿冷眼旁观地说齐正则只是赵丽娟的一块垫脚石,到了一定高度,就没用了。

这句话不久就被证实了。

齐正则毕业的时候,赵丽娟提出了分手。齐正则明显红了眼眶,赵丽娟神色平静。她说两个人距离太远,她不想耽误齐正则。

到了单位,齐正则的优越感立刻被淹没在了烦琐的工作和疏远的同事关系中。他曾数次打电话给赵丽娟倾诉心中的苦闷。可是赵丽娟却因为忙着开启她的新恋情没有时间,每次电话都是跟齐正则匆匆说几句就告别。

齐正则因为巨大的心理落差无人诉说,试图自杀,还好被人发现才没有酿成大祸。赵丽娟听说之后也只是内疚了一会儿就把这件事抛在了脑后。

听说,齐正则一年多才缓过来,适应了社会重新生龙活虎。

放暑假回来,赵丽娟就有了新的男朋友,准确地说是新的靠山。这一次,自然又是精心策划,权衡利弊后选中的目标。对方是建筑系院长的儿子,名叫蒋东篱。蒋东篱在本校读硕士,是一个不喜欢交际和参加社团活动的研究型男生。

赵丽娟的手段,我一直觉得比白素高明得多。白素因为太漂亮,所以总带着任性和傲气,到哪里都自带耀眼的光芒,不管接近谁都让人无法忽视。这样反而会让一些正直的男生警觉。而赵丽娟不同,她因为外表普通,气质平和,所以更像一根菟丝子,柔软地慢慢地接近对方,在对方察觉到她的意图的时候,她已经得到了她想要的一切。

拿下蒋东篱,在别人看来全是机缘巧合,或者是赵丽娟的运气好。我们却知道那是精心计划的结果。她说自己要考建筑系的硕士,想找个学长求教,所以哀求校学生会的建筑系学长介绍一个最厉害的硕士给她认识。那个学长"碰巧"

跟蒋东篱关系不错。

跨专业考建筑学的硕士是很难的。如果赵丽娟选择考本院的硕士,如探囊取物。可是她偏偏要去考建筑学的。

一个大四的男生,即将面临别离,对于一个要求上进的小师妹的恳求,一般是没有办法狠心拒绝的。更何况只是举手之劳。他如赵丽娟所希望的那样,把她带到了蒋东篱面前。

从此赵丽娟常去找蒋东篱求教。她得知蒋东篱报名参加了一个建筑设计比赛,需要加班熬夜做模型的时候,便"恰巧"那天很闲,出现在他身边陪他通宵达旦,帮他顺利完成了建筑模型的制作。

4

被蒋东篱要求交往的时候,赵丽娟内心一定欣喜若狂,可是表面她却只显出了恰当的羞涩和惊喜。

赵丽娟开始到蒋东篱宿舍给他洗衣服,甚至到蒋东篱家里去帮忙做家务。蒋东篱的父母对赵丽娟赞不绝口。

有了蒋院长的帮忙,大四上学期,赵丽娟毫无悬念地进入了我们院保送硕士的名单。为了让学习并不在前三的赵丽娟能入围,院领导煞费苦心地增加了一个综合评分。赵丽娟的篮球队活动,学生会工作,社会实践都给她加了分,让她甩开了后面的人一大截。就连我,这个懵懵懂懂的傻子都搭上了顺风车,成了幸运儿。

我忽然明白，赵丽娟从一开始就没想过要考建筑学的硕士。因为她知道自己在学习方面的天资并不高，能考上的可能性几乎为零。她要的是万无一失的保送本院的名额。

上了硕士，我想赵丽娟总该消停了吧。她只要安安分分地一直读上去，博士毕业就可以留校当大学老师，再嫁给家底殷实的蒋东篱。如果没有什么意外，她就可以衣食无忧地过一辈子。

我们读研二的时候，蒋东篱因为学业优秀，被派到美国读博士。其实他出国这件事，赵丽娟刚认识他的时候就预见到了。而且，她也知道蒋东篱一定会回来。

在国外一个人求学是孤独和艰苦的。蒋东篱和一个同样来自中国的女生就像两个旅人在冰天雪地里相互拥抱取暖一样相互帮助、互相关心。

赵丽娟却有意地慢慢减少了和他的联系，却从来没断，还去蒋东篱家陪伴老人和做家务。

为了寄托情感，蒋东篱自然跟那个女生越走越近。赵丽娟硕士毕业的时候，蒋东篱向赵丽娟提出了分手。

蒋东篱的父母叹息着，说蒋东篱对不起赵丽娟，他们也很内疚。赵丽娟毕业后想要去哪个单位，他们一定尽力帮忙。以后有什么事也可以来找他们。

赵丽娟离开蒋家回到宿舍的时候，我在她脸上看见了泪痕却没有看见一点悲切和哀怨的神色，反而有一种如释重负的感觉。

嗯，从此，她又顺理成章地进入了下一个阶段，还不需要背上任何骂名,她真是好聪明。我这么想。

5

硕士毕业的时候,蒋东篱的父亲果然动用关系替赵丽娟谋得了一份很好的工作。

跟赵丽娟告别的时候,我还在为工作发愁。看她悠然自得的样子我却一点也羡慕不起来。

听说,进入单位之后,因为赵丽娟办事老练,能看人眼色,很被部门领导赏识。领导去哪里都带着她,然后她认识了顶头上司的儿子。我心里还在猜测,赵丽娟会不会又成为那个领导的儿媳妇,赵丽娟就已经办到了。

就像别人说的,有的人,好像特别受上天的眷顾一样,想要什么都能得到。赵丽娟就是这种人。现在回想起来,除了努力之外,她是我们七个人里面对人性了解得最透彻的那个。齐正则来自于小城市,家庭条件一般,外貌不突出。像赵丽娟这样个子高挑的女朋友大大满足他的虚荣心。所以赵丽娟不用做什么,只要陪着齐正则出现在公共场合秀恩爱,表现得对他死心塌地就行了。齐正则就会毫不保留地帮她。而且那个时候的赵丽娟,对自己的认识也很深刻,没有天真地把目标定得太高,因为她那个时候也没有什么值得拿出来说的东西。

而蒋东篱出身于书香门第,从小生活优越,相对思想简单。他需要被人捧在手心,想要一个可以陪他安静做学问,对他父母好的女人。所以赵丽娟便扮演起了贤妻良母、小女人、书呆子，收起了自己的锋芒和野心。

她怎么搞定领导儿子的，我无从知道，反正肯定是滴水不漏，不落人话柄的办法。

十年同学会的时候，赵丽娟已经当上了局长，买了两套房子，还把父母接到了身边。她还跟当年那个赵丽娟一样有野心有活力，就像我们所在的这个年轻的直辖市一样朝气蓬勃。

喝酒时，我们说起白素，不由自主将目光转向了赵丽娟。

同样的工于心计，她的结局好太多了。大概大家都这么想。

赵丽娟笑了笑："我知道你们心里想什么。是，我的人生每一步都在计划之中，为了实现目标，我可以用爱情和青春做筹码交换。"

没想到她会这么说，我们不知道怎么接话，交换了一下眼神，默默看着手里的杯子。

"你们知道我爸爸是干什么的吗？我爸爸是种菜的，菜农！"她狠狠喝了一口酒。

"我不觉得农民的孩子有多丢人。"我嘀咕了一声。

"对，我也这么觉得，但是很多人不这么想。我求了父亲很久，父亲才肯让我来上大学，我就是那种传说中的凤凰女。一点也不夸张地说，我身上背负着全家人的希望。我小时候没有上过任何兴趣班，篮球都是父亲教的。别说是我一出生已经输在起跑线上，就算是后来到了学校，我才发现连你们用的东西，我都很多没有见过。"她说完又灌了自己一大口酒。

康炜彤劝她:"别喝那么多。"

"我比你们年纪都大。我必须要很努力,很小心,才能在这个城市生存下去,才不需要回到那个穷乡僻壤去,这一点你们根本理解不了。"赵丽娟有些醉了,根本不听劝,只顾着往自己嘴里灌酒。

"不,我们很能理解。我们每一个人都在努力活着,害怕被这个城市抛弃。但是我们不会用感情做筹码。"孙蕾蕾一本正经地回答。

"嗯,所以,你们没有我现在的地位高,没有我过得好。"赵丽娟有些得意。

我努力检讨了一下自己,爱的人在身边,衣食无忧,能做自己喜欢的事情,然后没觉得自己哪里不好。

"你有真正爱上过某人吗?"我借着醉意问。

"有,可是那又有什么用?他不属于我。即便他那时属于我,也不能对我有任何帮助,我也不会跟他在一起。所以事实上,这一点对我没有影响。"

不管她说的那个他跟我说的是不是同一个人,反正她的话让我放下了心里多年的愧疚。

散会的时候,几个毕业后留在本市的女生陆陆续续被人接走,独独赵丽娟自己站在路边的清冷夜风中等着的士。她说家里有车,只是她太忙还没有时间考到驾照。其实我想问的是:"为什么你的老公不来接你?这么晚了,你还喝了酒,他竟然放心你一个人回去,真是心好大。"

我最终没有问出口,因为此时我才觉得赵丽娟的身影好孤单,实在不忍心再让她尴尬。

她得到了她想要的,也失去了最珍贵的,个中的酸甜苦辣,只有她自己最清楚。

爱一个人最好的方式，就是经营好自己

1

常悠上高中的第一天就因为跟闵少杰的一段对话而闻名全校。

"你坐第几排？"闵少杰从她身边经过时，假装漫不经心地问。

"第八排。"常悠加快了步伐跟上他。

"你傻啊，那么矮坐那么靠后，你能看见老师长什么样吗？你不会跟你们班主任提要求啊？你们班一共几排座位？"闵少杰停下了脚步，回头瞪着常悠。

"七……七排。"常悠结结巴巴地说。

闵少杰像是吞进了个苍蝇，苦着脸转回头："好吧，我错了，我就不该问你。"

从此，常悠竟然癞蛤蟆想吃天鹅肉地惦记校草闵少杰这件事就在学校传开了。后来大家才知道，原来他们两家是世交，两家好得像一家。各方面都拔尖的闵少杰从小就被迫跟傻乎乎的常悠打包在一起。就连重点高中都是因为闵少杰的父亲说，如果不收常悠，闵少杰就换个高中，常悠才混进来的。

"闵少杰真是太可怜了。"所有女生悲悯地望着闵少杰帅气挺拔的背影感叹。就连两个人的朋友也都私下为闵少杰鸣不平。常悠确实配不上闵少杰，长相普通得让人记不住不说，反应还很慢。好像除了和闵少杰是发小这件事之外，她没有什么能引起人注意的。

常悠和闵少杰的关系有点说不清楚。如果说是平行线，互不相干，两个人又偏偏是发小；要是说两个人关系密切，又不太确切，因为自从懂事之后，闵少杰几乎就不再跟常悠出现在同一个地方。而且两个人的个性，简直就是两个极端，一个平静安定得像秋日的湖水，喜欢保守，一个外向好动得像暴风雨中的大海，喜欢冒险。

好不容易一次同学聚会，常悠看着闵少杰碗里的馄饨发了呆。她两眼放光地说，她的终极理想就是要在这座城市最繁华的地方开一个馄饨店。正在喝茶的闵少杰忍不住倒吸了一口气被呛得直咳嗽。常悠替他拍着背怯怯地说："你别激动，我暂时只是想想。不过馄饨真是个好东西，薄如蝉翼，蝶舞翩跹，明明是食物，却美得像艺术品。更重要的是味道还很好，吃下去，好像整个心都暖了。"

"不就是面皮包肉，也只有你才会这么傻地把它看成艺术品。"闵少杰一边咳嗽一边说。

一起出来吃饭的同学有的在偷笑,有的忍不住叹气:"唉,都上高中了,常悠还是这样傻乎乎的。"

闵少杰终于喘匀了气:"你饭都煮不熟,还想做馄饨,到底为什么啊?"他真不想自己唯一喜欢的面食被她糟蹋。但是,明天就高考了,一想到上了大学他们或许再没什么机会见面,闵少杰还是忍着脾气尽量温柔。

"因为上次你在我家吃了我包的馄饨说好吃。"常悠的脸红了,慌慌张张地看了他一眼低下头。

他其实只是随口说一句,她竟然当了真。闵少杰忽然觉得自己碗里的馄饨都变得索然无味。

回去的时候要经过长长的走廊。常悠先到教室。她像个小老鼠一样从后门溜进去,坐在了顶着后墙放的座位上。闵少杰当没看见,回到了一墙之隔他的座位。

其实常悠一个人孤独地远离大家坐着,是因为女同学都排挤她。闵少杰当作不知道。因为就算他跑去找那些人麻烦,替她出头,常悠也会说是她自己想要离他近一些。到时候他就会像过去许多次那样,尴尬得无言以对。

2

高考分数一出来,闵少杰松了一口气。常悠的成绩刚上二本,再怎么走运也不可能跟他同一个学校。只是他忘了,常悠虽然成绩一般,却写得一手好文章。她常熬夜绞尽脑汁写文，悄悄向文学大赛投稿。最后竟然被她拿到了几个奖。几个重点大学都向她抛来了橄榄枝。常悠不出意料地选了跟闵少杰同一个学校。

于是，闵少杰原本奔向自由的快乐旅程又成了护送常悠的痛苦之路。

捶胸顿足之后，闵少杰决定无论如何都要摆脱这个拖油瓶。他疯狂地参加社团活动和追女孩子，填满了所有课余时间，也多了个花心的名声。因为专业不同，两人不在一起上课，所以他们根本就没有机会碰面。

四年过得很快。闵少杰几乎忘了常悠的存在。直到找工作时，他才听说常悠拒绝了一些公司提供的工作机会，用奖学金跟同学合伙在学校的偏门外开了一个小馄饨馆。今天是馄饨馆开张的第一天。

这一夜，闵少杰故意很晚才跟校花告别回到宿舍。他看见桌上有个精心包好的保温盒。室友告诉他，那是常悠送来的，宿舍每人一份。她在楼下等了几个小时，直到宿舍快关门才离开。

这个傻子竟然一直没有放弃。闵少杰轻轻叹了一口气，坐下打开保温盒。

里面的馄饨已经糊成了一团，哪有她说的那种意境？不过味道却还算鲜美。闵少杰吃得干干净净，想也不想便拨通了她宿舍的电话。

虽然常悠只说过一遍，他还听得漫不经心，这个号码却像是扎根在他脑子中一样清晰无比。意识到这一点，闵少杰忽然慌乱起来。

她一定已经睡了,还是改天再说吧。闵少杰在电话要响第二声的时候立刻给自己找了个借口慌慌张张想要挂断,那边却已经接了起来。

"你傻啊,为什么一直等。我要是不打呢?你就不睡了吗?"闵少杰听见常悠有些嘶哑的声音心中冒起一股无名的火。只要一辛苦,她的嗓子就会变成这样。

"我知道你一定会打过来的,馄饨好吃吗?"常悠丝毫不介意他的态度,回答得很欢快。

"太难看了,你还是不要做了。"闵少杰哼了一声。

"以后我一定会做得更好的,你等我。"常悠急忙在那头说。

"你真是好烦,不用为我做这些了,你知道的,我不喜欢你,现在不会,以后也不会。"闵少杰大声说。

常悠沉默了许久,才低声说:"嗯,我知道。"

"我应聘上了香港的一家风投公司,过几天就要去上班了。"

"嗯,以你的个性和才干这个工作最合适。"

"就这样吧,你好好保重。"闵少杰挂了电话。

终于把憋了十几年的话说出口,闵少杰本应该如释重负。可是挂断了电话,他的心里却忽然难受起来,在床上翻来覆去睡不着,烦躁不堪。

3

一到香港,闵少杰就忙得像转动的陀螺。有太多事情要学，专业上的知识，职场上的规矩，闵少杰常常加班到半夜才回到他那个小得可怜的公寓。

精疲力竭地倒在床上，明明困得睁不开眼，他脑子却总是时不时出现常悠的影子。只要想到她，他的肋下就会有一个地方微微暖了起来。

嗯，那个傻子的馄饨店不知道怎么样了？他这么想着，嘴角微扬沉入梦乡。

过去，闵少杰是吃了太多好的，所以要吃吃馄饨换换口味。现在，馄饨却常常出现在他的早餐、中餐甚至晚餐上。不是因为他喜欢，而是因为便宜。

这里的馄饨，叫云吞。换了个叫法，味道也天壤之别。一大团肉裹在厚厚的皮里面，完全没有了家乡馄饨的清爽和鲜美。

"那个傻子现在包的馄饨应该比这个好吃得多。"闵少杰扒拉着碗里的东西，自言自语。

闵少杰跟一个香港朋友凑钱，还借了高利贷，以香港投资人的身份回内地买了一个小工厂，以备上市。没想到做成了，他们立刻把公司转手卖给别人，利润翻了十倍。就这一次操作，闵少杰不但还清了借款，还有足够的资本成立了自己的投资公司。

听说因为学校后面的那条街在进行改造，四处都在施工，常悠的馄饨馆只能关了门。她回到了家乡，在那个小城里重新开了一个馄饨店。合伙人忽然撤资，生意又大不如前，馄饨店眼看就要倒闭了。

闵少杰决定回去看看。以他现在的本事轻松日进斗金,常悠毕竟也算他的旧识,总是要帮一帮的。

闵少杰坐最早一班飞机回到了小城,找到了常悠的馄饨店。

店门口挂着风铃,墙边摆着书架,干净素雅得不像是卖馄饨的,倒像是文艺范的咖啡馆。此刻正是早上,客人稍微多一点,却没有人大声喧哗。

常悠穿着雪白的围裙忙碌着,脸上带着恬淡和自信的微笑。这种笑,闵少杰觉得很陌生。大概是因为她在他面前时总是很慌张或者索性低着头。

其实她有一种安静的美,不张扬、不喧哗,就跟这个馄饨馆一样。只是他太习惯她的存在,所以没有注意到。

从厨房里面走出一个男生,帅气高挑。常悠时不时跟那人说上几句话。常悠那亮晶晶的眼睛让闵少杰的胃里面忽然翻腾起来。那人不知道说到了什么,把手搭在常悠的肩膀上。

长这么大还从没见过常悠跟哪个男生这么亲近过,闵少杰脑子嗡地响了一声,长腿一迈就进去挡在了常悠的面前。他攥着那人的手腕,满脸火药味。

常悠从呆愣中惊醒过来,红了脸,立刻拉开闵少杰:"这是我的店长,叫莫修远,他人很好,你放心吧。"然后她对那人介绍闵少杰说:"这是我朋友。"

"朋友"这个词让闵少杰着实不舒服了一下,但是他没有抗议,只是大大咧咧地走进去坐了下来。

闵少杰不出声,常悠也不知道说什么好。毕竟分离了这么久,两个人还从来没有联系过。

这尴尬的气氛最后被常悠亲手做的鲜肉馄饨给化解了。闵少杰好久都没有吃过这么好吃的馄饨了。他明明心满意足，嘴里却还在调侃说这个店只有馄饨，太单一了，难怪没有客人。

常悠皱眉很是苦恼："其实我也想改变一下，但是不知道怎么样好。"

"你可以用其他肉做馅料试试看。比如鱼肉、鲜虾、羊肉。甚至可以试试素馅儿馄饨，比如豆腐。"

常悠眼睛发亮，连连点头，最后问闵少杰："你回来有事吗？"

闵少杰不曾防备她会问这个，随便找了个借口搪塞："我在这边有个投资项目，回来考察一下。"他总不能说自己在消失了快两年之后，听见她的馄饨店做不下去，就飞回来了吧。

"你好厉害，我就知道你一定行。"常悠和过去一样满脸崇拜，笑嘻嘻地说。

"嗯，你这馄饨店，我有兴趣投资做成连锁店，然后上市。"闵少杰一说起投资就扯远了。

"不不不，不用了。我就喜欢这样慢慢来。再说万一我没做好，让你血本无归怎么办？"

"我钱多，不行吗？再说，我也没有给你定目标，你一样可以慢慢来。"闵少杰冷了脸。

于是他成了馄饨店最大的股东。

4

在常悠的一再坚持下，两个人签订了合作协议。闵少杰看着这份漏洞百出的协议，叹息：常悠这个笨蛋。还好合伙人是他，要是换了别人，随随便便挑个漏洞就能把她费尽心力做大的店抢过来。

回到香港，闵少杰就忘了这件事，因为他融资推企业上新三板的事情在业内传开，很多小企业都来找他做推手。有人需要融资，有人有闲钱没地方投，于是便宜了闵少杰。

那段时间，他真的是数钱数到手抽筋，想不赚钱都不行。有了钱，他立刻给父母换了大房子，自己买了跑车，换到了新的高级公寓。漂亮的女人一个接一个地扑上来，他原本还嫌烦，把对方推开。后来女人来得多了，看见身边的有钱男人都左拥右抱，他也索性照单全收。

闵少杰的胃口越来越大，已经不满足于给三流公司做托儿了。他把跟香港朋友合作的投资公司弄上了市，就开始将目光投向了海外项目，想要去更广阔的天地闯一闯。

常悠常常会用电邮发馄饨店的月度财务报告给他看。闵少杰嫌麻烦，基本上不打开。常悠却固执地把每个季度合同上约定的收益汇到闵少杰的账户里。闵少杰觉得这一点小钱连零花钱都不够，所以也从没有去查看过。

有个姓林的富豪朝闵少杰抛出了橄榄枝，说只要闵少杰娶他女儿，就帮闵少杰争取到他一直想要的那个海外房产投资项目。而且以后林家的公司就交给闵少杰了。

林小姐，闵少杰见过，长得不算难看，有着在国外出生长大的特有的泼辣。

这些跟钱比起来，都不是大问题。因为只要娶了林小姐，他下半辈子都不用奋斗了。这一点闵少杰比谁都清楚。

夜里，在宽敞的公寓里，闵少杰独自一人坐在黑暗里沉思。犹豫许久，他还是拨通了常悠的电话。想来，这还是他到香港以后第一次主动给常悠打电话。

常悠显然还在忙，匆匆说了几句就挂了。

给她投资就是想让她做自己喜欢的事情，不用那么辛苦，结果她却更忙了。闵少杰有些恼怒，下定了决心，给林先生回了个短信：同意订婚。

林先生立刻帮闵少杰约了那个项目的所有者，然后打电话过来跟闵少杰谈了许久。

闵少杰刚刚挂了林先生的电话，常悠就打电话来了。她满怀歉意地说刚才在跟店里的几个老员工谈开分店的事情，问闵少杰是不是出了什么事。

她就是这样，看着傻，其实对他比谁都了解。即便是几年不联系，还隔得那么远，她却能在第一时间察觉到他的挣扎。闵少杰叹息之后，淡淡地回答："没什么，只是忽然想你了。"

常悠沉默了一会儿才问："少杰，你是不是有喜欢的女孩了？"

闵少杰不出声。

常悠在那边笑了一声："没事，你不用顾及我。你早说过不喜欢我了，我也接受了这个事实。你有喜欢的人，有想要闯荡的世界就放手去争取吧。"

闵少杰无端地红了眼眶。其实他启程来香港那一天，常悠也给他发了一条短信说了一样的话。

"嗯，有好男人，你就嫁了吧。"挂了电话，闵少杰忽然觉得自己刚才像是跟常悠诀别了一样。从此如他所愿，他跟常悠就真的彻底成了平行线。只是，为什么他的心好像少了一大块，虚得让他发慌。

5

一个香港游客无意中在常悠店里留下了一张香港的报纸，上面写着闵少杰和林小姐订婚的消息。

常悠攥着报纸，呆坐在桌子边，许久都不出声，眼中泪水直打转。

莫修远拍了拍她的背，劝慰她："你不是早就决定放手了吗？为什么还这么伤心。"

常悠勉强笑了笑："我总觉得，他走得太远太快，会迷路。"

海外房产项目，外表看着利润诱人，其实接手才知道，是个大泥坑。项目虽然不曾有借款，却欠了许多应该交给政府的钱。不付清这些费用，就没有销售许可，没有销售许可，就卖不了房子，也就没钱去交那些费用，所以成了一个死循环。闵少杰被拖进了泥潭，越挣扎陷得越深。他的香港合伙人说闵少杰给公司造成了这么大的损失，要求他退回公司股份然后离开。这个房产项目,公司也作为不良资产剥落给闵少杰。经过谈判之后,公司终于肯看在闵少杰曾经为公司做出的贡献上,用高于市价10%的价格回收闵少杰的股份。可是这点钱,根本就不够他从海外项目抽身的。

闵少杰走投无路,向林先生求救。林先生却说这件事他也无能为力。而且林先生觉得自己看高了闵少杰的能力,将女儿托付给他太冒险,所以决定取消女儿和他的婚约。

一夜之间,闵少杰就从一个香馍馍变成了狗不理。那些环绕在他身边的女人也顷刻间走了个干净。

闵少杰心力交瘁,把自己关在公寓里,睡得昏天黑地。

醒来时,已经是黄昏,他发现自己房间有人,那身影还像极了常悠。他以为自己睡昏了,揉了揉眼,可是常悠的身影依旧在,且更清楚了。

常悠转身端着一个碗笑吟吟走过来坐在床边。

闵少杰喉头滚动,许久才用嘶哑的声音问:"你怎么在这儿?"

自从上次看见那张香港报纸后,常悠就开始留意网上香港的媒体每天的消息。昨天她看见娱乐版的一个小豆腐块里写了一个取消婚约启事,是关于林小姐和闵少杰的。她立刻向闵少杰父母打听了闵少杰的地址。这些事情都发生得太突然,她猜闵少杰一定还没有告诉他父母,所以就借口要来香港开分店,考察场地过来顺便看看闵少杰。闵少杰的父母没有起疑,把钥匙给了她。

"我来的时候,你睡得正熟,我就在楼下超市买了点食材,给你做了一碗馄饨。趁热吃了吧。"常悠将碗小心端起来递给闵少杰。

清亮的鸡汤里,漂着几只雪白的馄饨,上面撒上翠绿的葱花。轻轻一搅,那薄得透明的馄饨就像是蝴蝶的翅膀在扇动。

闵少杰抬眼看了她一下,说:"你现在馄饨做得真不错。"

"几年都做同一样东西,再笨也能做好的。"常悠红了脸,有些不好意思。

"我一直以为,像你这种蜗牛一样的做事方法,永远都到不了目的地。现在想起来,其实你比我聪明。"

"不,别这么说,你比我跑得快,比我能力强。一时的挫折不代表什么。"常悠急切地安慰他。

这个项目是个无底洞,哪有她说得那么容易。闵少杰不忍心告诉她事实,只能沉默。

"你先吃了馄饨,我们再一起想办法。"常悠将他手里的碗轻轻推了一下。

6

常悠说其实这几年游客多了,她的馄饨店生意很不错,开了十几家分店。她发现她向闵少杰汇款的那个账户从没有动过,所以索性用那笔钱在香港月供买公寓,所有人写的是她和闵少杰。那些房子卖了应该还有几个钱,如果不够,她这些年赚的钱也能再补上。

闵少杰放下碗,严肃地问她:"我说过我不喜欢你的,我不会回报你,所以你没有必要为我做这些。"

"不不不,我不单单是为你做这些事,也是为我自己。你是馄饨店的大股东,你的资金状况好,馄饨店上市的事情才有可能。再说就算你这一次失败了,不是还有我吗?"常悠比画着向他解释,就像过去她怕自己说不清楚闵少杰会嫌弃她的时候一样。

闵少杰忽然用力把她搂在怀里:"嗯,别着急,我其实知道你的心,只是一直装傻。"

其实海外项目是香港合伙人和林先生给闵少杰挖的一个坑。因为他们看见投资公司前景越来越好,所以想把闵少杰踢出来。闵少杰察觉到了这一点,所以也盘算了很久。他也想另起炉灶,却害怕摆脱不了合伙人,于是就将计就计。

闵少杰用常悠给的钱,把欠的乱七八糟费用交清之后,房子不到一个月就卖完了。这样一来,闵少杰接手的房产公司不但还清了烂账,还在当地彻底站住了脚。

闵少杰把这些事情理清楚之后,立刻买机票从美国飞回去找常悠。闵少杰到的时候,常悠的馄饨总店才开门。闵少杰是今天第一个顾客。

常悠惊讶地瞪着应该在美国的闵少杰。

闵少杰推着她说:"饿死了,老板娘快给我做一碗馄饨。"他知道常悠拒绝了店长的求婚,所以回来得有些迫不及待。

常悠从呆愣中醒来,忙下厨房亲手给他做了一碗鸡汤馄饨端出来。

"嗯,比上次的还好吃。"闵少杰尝了一口点头。

"当然，每天都在进步嘛！"常悠有些得意。

"所有人都离开我的时候，我却坚信你会在原地等我。那个时候我才发现，其实我一直爱你。我只是害怕，我们个性差太远，我给不了你要的稳定。"闵少杰边吃边说。

"我也害怕，怕自己太笨，会拖累你。"常悠低下头。

"不，你没有发现吗？我们的速度虽然不一样，现在前进的距离却差不多。残酷一点说，我还没有你走得远。所以，其实是我拖累了你。我现在跟你说我爱你，晚不晚？"闵少杰忽然放下了汤勺，认真地看着常悠。

常悠鼻子一酸，眼泪滴落在汤里。她拼命摇着头："不晚，我一直在等你。"

"谢谢你一直在最暖的地方等我，只是等那么久你不后悔吗？"

"这不是把你等到了吗？"

"你就不怕我不来？"

"不怕，因为我会做天下最好吃的馄饨。"

婚礼那天，闵少杰给所有的发小都发了请帖。朋友们奇怪，为什么明明看着像各走各路的两个人最后能走到一起？

闵少杰笑了起来，得意地说："其实，她像个沿着直线走的蜗牛，我像个埋头乱撞的蜜蜂。虽然看上去，我的轨迹杂乱不堪，其实却始终没有离开那条直线，不管走多远，我们总有一天会在终点相遇……"

我的努力，是为了给你幸福和未来

1

韩厚诚刚到我们家的时候，我和他都才6岁。他又黑又瘦，浑身脏兮兮的，像一只从动物园捡来的小猴子。

他的父亲韩东和母亲李梅的故事有些老套。韩东被家里逼着和初恋情人分手，娶了门当户对的李梅。结婚后，韩东的心依旧在初恋情人身上，所以即便李梅生下了韩厚诚，他还是以没有感情为由，坚持要跟李梅离婚。那时，韩厚诚才刚刚3岁。

韩厚诚被判给了韩东，从此李梅对韩厚诚不闻不问。韩东立刻再婚，如愿以偿娶了意中人。因为抛弃糟糠之妻，韩东成了所有人眼中的陈世美，被调到了最偏远的地方。

大概在韩东看来只要能跟爱人在一起去哪里都无所谓，

所以他带着新婚妻子离去时，显得有些迫不及待。他把韩厚诚独自一人留在了省城，美其名曰为了让韩厚诚能受到良好的教育。

可是韩厚诚实在是太叛逆，没有哪个家庭能长期容忍他。于是此后的三年里，韩厚诚便游走在不同亲戚家之间，搬家比换衣服还频繁。

直到韩东的战友，也就是我的父亲，听说了这件事，主动提出要韩厚诚来我家，韩厚诚才真正安定下来。

我有些瞧不起韩厚诚。不仅仅因为他一个字都不认识，明明是个男孩子却比我还瘦小，还因为他占用了本该我独享的一切。所以，自从他来了，我从来没有给他过好脸色，也不和他说话。

有一天，我竟然发现他吃饭的时候偷偷把桌上的馒头藏在衣服里。我刚要大叫，韩厚诚忽然抬眼冷冷看着我。大概是因为从没有在同龄人的眼里看见过这么老练冷漠的目光，我忽然改变了主意，对他的怪异行为保持了沉默。

吃完饭，我跟着他回到了房间，质问他："韩厚诚，你属老鼠的吗？怎么自己家的馒头也要偷？"

"这不是我的家，说不定明天我就搬走了，然后好几天没有饭吃。"他漠然地从鼻子里哼了一声，然后把馒头拿出来，小心翼翼地用纸包好放在他少得可怜的行李里面。

天真的我竟然开始歪着头认真琢磨起这件事情来，然后问他："你还要吗？我去拿些饼干给你，饼干不容易坏，比较好带，就是有点干。"

他的眼里终于有了一丝暖色，可惜，很快他又恢复了一贯的冷漠："哼，你这种娇生惯养的人，绝对没有安什么好心。"说完，他就转回头，不再理我。

2

韩厚诚开始跟我一起上学，而且被分到了跟我同一个班。他警告我："在学校不许告诉任何人你认识我，更不许说我住在你家。"他跟我说这句话时那像野兽一样恶狠狠的眼神，我到现在都还记得。

其实我也不想让别人知道这件事，因为我不想跟他这种问题少年扯上关系，所以我乐得保持沉默。

他很聪明，轻轻松松就能把成绩保持在不上不下，只是，他也没有少闯祸，三天两头跟同学打架，而且下手特别狠。在我看来，他就是头小怪物。其实也不全怪他，同学里总有人不识相地嘲笑他矮小的个子和脏兮兮的手。

我的父亲常常作为他的家长被请到学校谈话。在不知情的人眼中，仿佛他才是父亲的儿子。而我这个从来不需要叫家长来的乖乖女，倒像是个无关紧要的人。这真是让我气结。

"淘囡女出巧，淘小子出好。"大大咧咧的个性让父亲对韩厚诚极其宽容。

韩厚诚又倔强又凶狠，我对他真是一点都喜欢不起来。

在他又一次打伤一个同学后，学校终于忍无可忍，向父亲下了最后通牒：如果韩厚诚再闯一次祸，学校就要开除他。

这对我来说简直是天大的好事。我迫切地希望他再犯一次错，那样，至少我在学校看不见他了。

父亲想了许久，拍着韩厚诚的肩膀语重心长地说："孩子，你想要被这个世界包容，就要学会包容这个世界。叔叔尽力了。"

我都听懂了父亲的意思。韩厚诚那么聪明，自然是明白。他像是换了一个人，彻底老实下来了，再不跟人打架，不管别人怎么挑衅他都攥着拳忍着。他把手洗得干干净净，回到家做完作业，还会帮妈妈做家务。

希望落了空，我很不甘心。一天放学，我跟在他身后，在书包里装了一块石头。等到没人的时候，我靠近了他，然后掏出石头，往教室的玻璃上一扔。

巨响过后，韩厚诚回头呆滞地看着我。有人闻讯赶来。我装作吓蒙了号啕大哭。韩厚诚忽然意识到我要干什么，眼神变得绝望起来，尖叫着："不是我，不是我。"

我心里一点喜悦也没有。他愤怒的样子深深刺痛了我的心，让我心惊。

父亲又被叫了来。他深深叹着气，拉着韩厚诚就要走。韩厚诚死死抓着办公室门框不肯松手，嘴唇都要咬破了，眼泪在眼眶里打转，却倔强得不肯认错求饶。

我实在是看不下去，只能承认玻璃是我不小心砸破的。虽然父亲赔了玻璃的钱，学校不再追究这件事情，但是大家都知道了我和他的关系。而且，所有人都固执地认为我在撒谎，玻璃是韩厚诚砸坏的，因为我心地善良，才替他顶罪。

从此他冰冷的眼睛看见我时，还多了一层厌恶。

3

回到家，我才知道，几天前韩东和妻子在那个偏远的地方出了车祸，以后都不会回来了。父亲给李梅打电话。李梅表现得极其淡漠，拒绝把韩厚诚接走，说让他自生自灭。韩厚诚什么也没有告诉我。

我好内疚，因为我差一点害他被赶出去成流浪儿。我悄悄求爸爸留下他，说以后我会尽量少吃饭，也不要新衣服。

爸爸默默摸了摸我的头。

夜里听见他在哭，我悄悄爬起床，走到他身边坐下。他没理我，只是蜷成一团缩在墙角，将脸埋在膝盖里。他肩膀抽搐却拼命压抑着哭声的样子，真是让我心碎。我觉得他的身子显得更加瘦弱了。

这是我成年以前唯一一次看见他哭。

那一夜的月光好凉，洒在我们身上，就像冰冷的河水从我们身上流过。

因为怜悯和内疚，原本就像小绵羊一样软弱听话的我从此对他言听计从，有好东西都是让给他。

经过那一夜，韩厚诚越发努力和小心。对我，他却一点也没有要原谅的迹象。他总用这种或者那种方法来报复我让他蒙受的冤屈。

比如他会一出门就逼着我跟他交换妈妈为我们准备的秋游午餐。等到饥肠辘辘的我中午打开要吃的时候才发现，他在里面放了蟑螂。

比如，他会把我喝水的杯子底下钻一个洞。下课的时候，我渴了去接水，才发现杯子里的水漏得永远比接得快，所以只好一整天都口渴着。

韩厚诚似乎把他七八岁左右叛逆期的一切精力都发泄在了我的身上。我却从来不敢告诉父母，害怕他会因此被送走。他那绝望、愤怒、伤心的眼神带给我揪心的感觉，远比他捉弄我带给我的难堪要更难受。

韩厚诚通过自己的努力，让他在别人眼里已经变成了一个好孩子。而我又替他遮掩他的恶作剧，所以父母和老师对我总是遇见这样或者那样的小麻烦丝毫没有怀疑。

就这样磕磕碰碰，我们考上了同一所初中，又拉拉扯扯上了同一所高中。终于，他看我时的眼神少了愤恨和嫉妒，变成了戏谑和欢乐。他捉弄我的方式，也变成了在我书包里放虫子这些无伤大雅的小把戏。

上高中第二天就有女孩子给韩厚诚送来了粉色的信纸，上面画满了红心和写满了让人脸红的词句。

我这时才赫然发现，韩厚诚已经从一个干瘪的小猴子长成了英俊高挑的少年。他笑起来有点坏坏的，不笑的时候带着冰冷的傲气，对所有情窦初开的女孩都带着致命的吸引力，包括我。

我走在他身后的时候，悄悄凝视着他，然后在他有所察觉看回来的时候,又慌慌张张地转开头,假装一直在远眺。

唉,他不会明白我的小心思的。就算是知道我暗恋他,他也只会狠狠嘲笑我。我在心中叹息。

4

班上有个同学,成绩不太好,常向我请教问题。我有空就跟他讲一讲。一来二去,我们成了朋友。没想到有一天,他在校门口不远处塞给了我一封情书。情书上说,他喜欢我,我对他那么温柔,有耐心,我也一定是喜欢他的。

我看完觉得很好笑,打算立刻撕掉它,韩厚诚却一下把信抢了过去。

"撕了吧,一定是他在开玩笑。"我红着脸尴尬地说。

韩厚诚打开信,仔仔细细看了一遍。久违了的愤怒和嫉妒在他眼里一闪而过,快得我以为自己眼花了。

"嗯,你不要放在身上,免得被老师看见。"他笑了笑,把信收到了他的口袋里。

这所重点高中禁止学生谈恋爱,一旦发现就要劝退,从不姑息。我感激他为我着想,咬着嘴唇微笑,点头答应。

下午放学的时候,我被叫到了办公室。那个给我写信的男生也在。班主任黑着脸拿出两封信放在我们面前。一封是男生写给我的,一封竟然是用我的笔迹写的回信。

我瞪大了眼睛,脑子里面乱成一团,手脚冰凉。

回信的纸是从我本子上撕下来的。人赃俱获,共犯也承认了，任我再怎么解释这封回信不是我写的，也没有用。学校把父亲叫了过来，让他把我领回去。从小到大，这是父亲第一次因为我的事情被叫到学校。他有些愕然，不知道该如何反应。

最终父亲没有责备我一句，只是跟我说，准备换一个学校。

有被这所重点中学劝退的黑历史，我想要上别的重点中学几乎不可能了。而其他二流高中里面只有成天打架的男生和浓妆艳抹的女生。在那里，我要想考上好的大学，几乎不可能。我虽然成绩不算拔尖，但是也是把考上重点大学作为奋斗目标的，没有想到人生的轨迹会在这里忽然拐弯。

未来一片黑暗，我接受不了，满心愤恨和委屈，在那一天晚上，悄悄离家出走了。

5

我也不知道要去哪里，像个幽灵在城市的另外一边游荡。原本想要跳上一列火车走得远远的我，因为没有钱，又没有骗人的油嘴滑舌，所以被列车员拦了下来。

白天还好，夜里的城市，对我而言就是个危机四伏的地狱。我无处可去，只能战战兢兢地来到大桥下，找个位置蜷成一团。

父亲和母亲会不会找我呢？或许，他们有韩厚诚就可以了吧！我流着眼泪，闭上眼睛迷迷糊糊地进入了梦乡。

游荡了三天之后，我对韩厚诚6岁以前过的日子有了更深刻的体验，也更能体会到当年被我陷害时，他惊恐又愤怒的心情。那就像一个在风雪里面走惯了的人，好不容易到了暖房里，却因为别人的恶作剧，又要被赶出去。难怪他会那么恨我。

只是他在风雪里走惯了，还有求生的基本技能。而我却在暖房里待惯了，被扔到雪地里后就只有死路一条。别说洗澡，就连热腾腾的饭菜、干净的饮用水都成了奢求。当被几个小青年堵在一个小巷子的角落里的时候，我忽然意识到，其实就连人身安全都不能保证。我再也忍受不了，大哭了起来。

有人怒吼了一声扑了上来，跟那些小青年缠斗在了一起。我吓得抱紧了头蹲了下去。小青年被那个疯了一样的人吓跑了，现场只剩下我和他。黑暗中我看不清对方的脸。但是这样凶狠的人，比刚才那些小青年还要让我觉得恐怖。

我在他靠近的时候，拼命地推开他，想要逃跑，却被那人攥住了肩膀。我开始歇斯底里地尖叫。那个人好无奈："喂喂，刚才你怎么没有这么勇敢？"

听出是韩厚诚的声音，我立刻瘫软下来，号啕大哭。

透过衣服我都能感受到韩厚诚的手指在颤抖，他似乎比我还害怕。

嗯，难道他这些天一直在找我吗？他要找我干什么？我不见了，他不是就可以一个人拥有一切了？我好惊讶。

韩厚诚背着我往家走。我在他背上，眼泪没完没了，哭到打嗝都停不下来。韩厚诚笑了一声:"你的眼泪怎么那么多,早知道就把你丢在桥下面,让你哭够了再往回走了。"

"你是不是还恨我?"

"我早就不恨你了。"

"那你为什么总捉弄我?"

"我就是嫉妒你能拥有我想要的一切,不想让你过得太舒坦。"

6

学校撤销了对我的劝退处分,我又回去读书了。据说,是韩厚诚单独找了班主任。我想大概是因为他成绩年级排名第一,大概是因为他给学校赢了许多奖杯,学校还指望他高考时一鸣惊人,所以不得不听从他的建议重新调查那两份情书。

学校最后得出的结论是,字迹虽然像我的,却不是我的,所以我是被人栽赃的。

这个结论明显是衡量利弊之后的权宜之计,让我听了都觉得好笑。

因为找回了我,韩厚诚俨然成了家里的英雄。他来了个180度的大转弯,开始对我好得出奇,好得让我心虚。甚至在被保送名牌大学之后,他还天天替我补习,硬是把成绩末尾的我拉到了前十名,逼着我考上了跟他同一所大学。

上了大学之后,韩厚诚像是狮子标记领地一样,一进校门就向所有人宣布，我是他的女朋友，完全无视那些比我漂亮身材好的女生抛来的橄榄枝。

除了打工赚学费生活费，他整天跟我腻在一起。

平日里的嘘寒问暖，温柔亲吻，情人节、我的生日里大到让人咋舌的红玫瑰花束，他一次也没有落下。我被他捧在手心里，成了众人眼里走了狗屎运的灰姑娘。

我很爱他，那种感觉比年少情窦初开时的朦胧喜欢要热烈得多。所以我才更害怕，诚惶诚恐，觉得这一切说不定又是他在捉弄我。

不然他怎么不许我告诉家里面我们成为了恋人这件事。

或许，他是想霸占我大学四年的最好时光，然后在毕业的时候甩了我，让我再难找到男朋友；或许，他就是想看我被他搂着腰时惊慌失措的害羞模样，所以每次都笑得那么开心。

我总是笑得勉强，幸福得不那么明显。闺密说我鸡蛋里面挑骨头，其实我是居安思危。

四年过得很快。韩厚诚顶着校学生会主席的头衔和各种让人炫目的社会实践经历毕业了。我非常努力，才勉强进入专业前十名。找工作的时候，他的试用通知书厚厚一沓，最后选择了一个世界一百强的外资企业。我却在父亲的帮助下才找到了一个小企业的销售工作。

公司分配了新的公寓，韩厚诚上班第一天就搬了出去。

韩厚诚的母亲找到了他。韩厚诚毕业之后第一次把我叫了出去。他买了一大堆啤酒，然后走到江边坐下，沉默地看着江对面璀璨的夜景。我默默地跟着他,在他身边坐下。他开始一杯接一杯灌自己酒。

"好,既然舍不得,就把她接到身边吧。她毕竟是你妈妈。"我看不下去了,忍不住出声劝他。

韩厚诚忽然转身猛地把我搂在怀里,将下巴搁在我肩膀上。

我感觉到温热的液体一滴一滴落下,打湿了我的衣服。

这是我第二次看见他哭。

不管我父母对他多好,他都始终是寄人篱下。正因为没有安全感,所以这些年他才过得小心翼翼,比谁都刻苦努力。我知道他好委屈、好怨恨,却不知道怎么安慰他,只能轻轻拍着他的后背。

我的销售工作除了没完没了地喝酒,就是跟在客户屁股后面请客户看我的样本。就算是这样,也看不见什么起色,我好厌倦也好无奈。

韩厚诚在外资企业却如鱼得水。他一年升一级,速度快得让我炫目。因为工作很忙,他来看我们的次数越来越少。就连给我打电话,他也是匆匆说几句就挂了。

毕业两年后,他兴奋地告诉我,他买了新房子。

"没想到有一天,那个臭小子会这么有出息。"父亲啧啧地感叹。

"有出息又有什么用?他也不见得报答我们的养育之恩。"母亲摇头叹气。

7

听说在韩厚诚的公司里面,什么肤色、什么类型的美女都有。这些美女都是单身、高学历、能力强的"白骨精",随便挑一个都是绝佳的结婚对象。

韩厚诚却迟迟没有跟我说分手这件事。我想,大概是他忙到连这件事都忘了。说不定以为他自己已经单身了,常常抱着哪个美女讨论即将拿到钥匙的新房该如何装修。

嗯,与其被他甩了,不如我退出好了。早点跟他分手,或许我趁着年轻还能找个普通男人嫁了。我这么想着,给他发了一个短信:"谢谢,你曾陪着我长大。我,决定跟你分手。从此我们各自嫁娶,互不妨碍。"

放下手机,我忽然觉得好难受。其实我真的很不舍得,还在做梦有一天他真的会来娶我。我用被子捂着头,哭得天昏地暗。

半夜家里的门被敲得梆梆响。父母刚好不在家,我只能肿着眼睛开了门。

韩厚诚拖着行李箱站在门口,一脸疲惫。

"嗯?你怎么回来了。"我好惊讶。我记得他几天前给我发了个短信,说他在外地出差。

"我能不回来吗?"他一脸无奈,"你没头没脑就发了个分手短信给我,我吓得丢下客户,坐最早的航班回来了。"

"你回来干什么?"我傻乎乎地问,"难道是要我亲口说给你听,你才放心?"

"你瞎说什么呢？"他拖着行李箱进来，"谁准你跟我分手了？"

他强势的个性倒是从小到大都没有变。我苦笑了一声。

"韩厚诚，我那件事过后不久，我就想明白那封回信是你仿照我的字迹写的了。我想你大概是想捉弄我，却没料到，那两封信会落在老师手里，我不怪你。"我承认，我一直假装不知道这件事，是想赖在他身边，多享受一下被他呵护的感觉。

这一次，轮到韩厚诚惊讶了。他站在原地有些尴尬。

"我也曾栽赃过你，我们互不相欠。这些年你给我的够多了，你不用再赎罪了。"

"蠢话！什么互不相欠。从你打碎玻璃那一刻起，你就是我的了。"韩厚诚黑着脸放下行李，从口袋里掏出一个戒指套在我手上，咧嘴一笑："美女，有没有兴趣嫁给我？"

我张大了嘴，震惊到不知道如何回答。

"唉，我都追了你整整八年了。你就算行行好，不要再折磨我了。"

"我现在是不是该说我愿意？"

"嗯，快说！"

"我愿意。"

韩厚诚说，大学里他之所以不让我告诉家里面我们的关系，是因为，他从小就顶着寄养在我家的孩子的身份，在他还没有能力独立之前被我父亲知道，十成我们两个都会像他父母一样被棒打鸳鸯。

毕业之后，一来他忙着挣钱买自己的房子。本想着房子一装修好就跟我求婚，我们两个搬出去住。二来他以为已经把我套牢了，所以有些疏于维护我们之间的关系。没想到，我误会了，等不及了。

他说，他觉得他这么优秀的男人娶了我让我一辈子幸福，就是对我父母最好的报答，所以没花太多心思在报答我父母上。他这样自恋的解释，真是让我恨得牙痒。

婚礼上，韩厚诚给我戴上了戒指，英俊得让人眩晕。我眼睛被泪水模糊了。恍惚间，我仿佛看见那个又黑又瘦，站在我父亲身后倔强得不愿意跟我打招呼的小男孩……

刺激只是一时，
平淡却是一世

1

宿舍的这几个女生中，我最投缘的是康炜彤，不仅仅因为她性格开朗又善良，更因为她正直和大度。郭睿懿是这样评价她的："我们两个坐在一起的时候简直就像被点了笑穴，一点小事都能让我们笑到前俯后仰。"其实她已经说得很委婉了，她真正想说的是，我们两个是傻白甜。

康炜彤是那种典型的小家碧玉，乖乖女，圆眼睛圆脸，甜美清新得让人像含了一颗薄荷糖。父母在一个南方的小城市经商，她家算是小富人家。从小学到大学，她的一切大事都是由父母安排好了。刚入校，她就跟我说，她以后注定是要回那个小城市做公务员的。

人生像是已经写好的剧本，她只是里面的演员，只要不出什么意外，十年后发生什么她都可以预想得到。所以，她常跟我抱怨："生活无味得像白开水啊，白开水！真羡慕你这种每天都有惊喜的生活。"

我干笑了两声："其实，你要真过上我的日子，就会觉得与其说是惊喜，不如说是惊吓。"

白素游走于不同男人之间时，康炜彤好像发现了新大陆。

"哇，好刺激，我也要尝尝恋爱的滋味。"她跟我说句话时，黑宝石一样的眼睛在黑暗里闪闪发亮。

"喂喂，悠着点，小心被人骗财骗色。你看白素那么有经验又比你聪明都有被人非礼的时候，你一个小白兔，扔出去分分钟被人吃得骨头都不剩。"我苦口婆心地劝她。

"会吗？"她很迟疑。

"当然，就算是谈恋爱也要看准了来。长得又高又帅的男人，嘴又甜的那种，多半都是花心萝卜。"为了保护好朋友，我昧着良心瞎掰。说完这句话后，默默在心里向躺枪的沈慕玄和韩楚天道歉。

"嗯，放心啦。"她的语气很是不甘，看来只是怕我担心在敷衍我。

班上有个男生来追康炜彤。康炜彤急切地问我觉得这个男生怎么样。

这个男生大一实习时跟我在一个组。我们的任务是对学校的网球场绘制地形图，他学习成绩差不说还懒懒散散。所有工作都是我一个人完成，他就坐在一旁乘凉吹牛。等我弄完了，他就抢着全站仪玩儿。开始我以为他想练习一下，后来才知道，他是用全站仪上面的望远镜偷看那些在打网球的女生。

那些打网球的女生全部穿着超短裙，跑起来的时候，裙子飞舞春光毕现，确实很让男生热血沸腾。

鉴于他的表现，我立刻对康炜彤明确地表示："这个男生绝对不行，就是一个活脱脱的大色狼。"

康炜彤立刻被吓到了，拒绝了对方。那个男生还伤心了一阵子，让我满心都是棒打鸳鸯的愧疚。

陆陆续续有男生追康炜彤。康炜彤像一只好奇的小鹿，高高兴兴跟着对方去看电影吃饭，在对方有稍微亲热的动作时，立刻就逃了回来。这样弄得我整天心惊肉跳，恨不得把章小青绑在康炜彤身上。

我这哪里是交了个朋友，简直就像养了个处在青春期的闺女。我又一次安慰惊魂未定的她时，在心里叹息。

康炜彤自己在 qq 空间里留的那些言，差点没有把我笑死。她说男人约会的时候，就像是市场上买豆角的大婶，喜欢摸来摸去、捏来捏去，真是让人鸡皮疙瘩都竖起来了。

2

大一寒假回家，康炜彤被父母捉去相亲了。我之所以知道，是因为她一回到家就气急败坏地给我打电话。

她在电话里叫嚣的声音，让我以为那个男生长得很猥琐，为人很差劲，让她觉得恶心。她却跟我说，男生叫顾修远，很帅,家境又好,考上了隔壁城市的名牌医科大学,学的是最让人羡慕的脑外科。

顾家和康家一直有来往,只是不知道两边的家长怎么会忽然想起把他们两个年轻人凑在一起。

让她生气的是,两边家长对这门亲事很满意,就连顾修远也没有反对。她又不敢抗议。于是,她就像摆在砧板上的死鸭子,只能等着被卖了。

我安慰她,既然是个好男人,就先相处着呗,反正她又没有男朋友。再退一万步说,寒假也就不到一个月时间,忍忍就过去了。如果真不合适,等她回到学校,就跟家里说不同意,跟顾修远说分手。

康炜彤哼哼唧唧了一阵子才挂了电话。整整一个寒假再没有给我打过电话。

回到学校一见到她,我就把她拉出去悄悄问她和顾修远怎么样了。

康炜彤没有想象中的兴奋,反而有些面无表情:"能怎么样?他牵我的手了。"

"啊,你什么感觉?"

"顾修远跟我从幼儿园到高中一直是同学,我对他太了解了。他从小就喜欢管着我,跟我爸一样,烦死了。让我牵着他,就跟牵着你一样,没什么特别的感觉,这才是最糟糕的。"她叹了一口气。

"那你怎么连个电话都不给我?我还以为你跟他如胶似漆,没空理我。"我皱起眉。

"我是没空,但绝对不是如胶似漆。你不知道他多有活力,今天拉我去泡温泉,明天去滑雪,后天农家乐吃烤全羊。我除了大年三十晚上在家,其他时间都在外面,快累死了,长工过年还放几天假呢。"康炜彤嘟着嘴,满腹抱怨。

我忍不住笑出了声:"那怎么办?"

"分手!我立刻就给他打电话说分手!"

电话拨通了,顾修远的声音从里面传了出来,阳光开朗,让人听着很舒服。

"顾修远,我们分手吧。"

"康炜彤,你是过年吃太多油腻的东西,吃傻了吧?怎么忽然抽风说这个?"顾修远在电话里面一口回绝,"你要想分手,就把我亲手烤的那一整条羊腿吐出来。"

我翻了个白眼:"康炜彤你这个浑蛋,嘴里说没感觉,胃却乐此不疲。跟我抱怨说和顾修远一起出去很烦,其实不知道多高兴。"

"他这是诬陷,是讹诈,故意挖坑让我跳进去。"康炜彤挂了电话,气得连话都说不清楚了。

"好了,好了,别那么生气,我觉得他挺好的,挺适合你的。"我笑嘻嘻地说。

顾修远不知道从哪里弄到了我的电话,康炜彤不接他的电话,他就打给我问康炜彤乖不乖。

嗯,总算是有人接手这个老闺女了,挺好的。我每次挂了电话都觉得很欣慰。

为了笼络康炜彤所有的室友都做他的眼线,顾修远隔三岔五就买零食寄过来。康炜彤喜欢吃芒果，他也常买了寄过来。芒果那时对于我们来说可是奢侈的水果。所以，第一次打开箱子看见一斤多一个黄澄澄的大芒果整整齐齐码在箱子里，我们全部震惊得目瞪口呆。

"土豪！"孙蕾蕾一边咬牙切齿骂着一边拿起芒果剥开皮狠狠咬了一口。

"糖衣炮弹！可恶！"康炜彤也咬牙切齿骂着，拿起芒果剥开皮狠狠咬了一大口。

时间一长，我觉得顾修远其实还不错。我看过他的照片，绝对比现在追康炜彤的那些歪瓜裂枣要强得多，而且有钱又大方，知冷知热，还对康炜彤很上心。

"要不你就从了吧。"我劝康炜彤。

"怎么连你都这么说？难道我真的连反抗的机会都没有，只能一条直路走到底吗？"康炜彤急了，不再理我了。

3

康炜彤觉得生活太空虚，所以跑去跟我一起参加了学生会。她参加的是宣传部，宣传部的工作就是贴广告，跟着文娱部、体育部去参加各种演出比赛。康炜彤忙碌了起来，整天像只快乐的小蜜蜂。

"我跟你说，我们部长很帅。"一天夜里，康炜彤偷偷溜到我床上，把我摇醒，激动地在我耳边说。

"嗯？"我迷迷糊糊地回答，"帅吗？我觉得还没有顾修远帅。"宣传部长邹朗我见过,属于花花公子型。他皮肤黝黑,嘴贫又会逗女生笑,所以在女生里面人缘很好。

"不要跟我提那个人。"她黑了脸。

"小姐,现在是半夜,你爬到我床上,不会就是想告诉我你觉得你们部长比顾修远要帅吧?"我无奈地打了个哈欠。

"不不不,我要告诉你的是,邹朗约我了。"

"哦,他常常约一大群女生出去玩儿,没什么奇怪的。"我不以为然。

"他只约了我一个人。"康炜彤兴奋得声音都在打战。

我睁开了眼,转头看着康炜彤:"你答应了?"

"嗯,当然了,为什么不答应?多少女孩子想跟他单独约会,他都不肯。你知道吗?他常常一个人背着背包出去远足冒险,他去过很多普通人到不了的地方。因为常晒太阳,所以他才有那么迷人的小麦肤色。"康炜彤有些得意。

"康炜彤同学,你不要忘记了,你是有未婚夫的人。"

"说了顾修远不是我的未婚夫,这件事纯粹是他一厢情愿。"康炜彤气呼呼地叫了一声,跳下了我的床,回到她自己床上躺下不再理我。

4

康炜彤的脾气拧起来真是让我头疼。她开始跟邹朗约会,而且不再跟我聊她的心事。我像个贼一样拽着韩楚天跟着他们。

韩楚天好无奈："为什么我们每次约会都要跟着他们？"

"因为我一人跟着他们好奇怪。"我盯着康炜彤头也不回。

"你更年期提前了吗？还是想要提早体会监视女儿约会时的感觉。"

"闭嘴！你要乖乖配合，等下我让你亲一下。"

邹朗搂住了康炜彤的腰。康炜彤原本打算推开他的，可是她无意中看见了我，立刻就改变主意，顺从地靠在邹朗怀里。

"啧啧，你这个闺密真没眼光，学生会里随便挑一个男生都比邹朗好。"韩楚天低声嘀咕。

"嗯，为什么这么说？"我盯着康炜彤和邹朗，眼睛都要冒出火来了，却还是被韩楚天的话成功吸引了注意力。

"他们走了。"韩楚天伸出头去。

我闻言转头发现康炜彤他们已经消失了踪影。

"啊，完蛋了，我怎么跟顾修远交代？"

"嗯？顾修远是谁？"

就这么磕磕碰碰，邹朗竟然在康炜彤身边待了好几个月没换人。而且康炜彤每天都带着笑容回来，虽然她什么也没有跟我说，不过我看得出来，她跟邹朗在一起很快乐。

我有些怀疑自己是不是太轻信流言了。或许邹朗对康炜彤是认真的，或许我无意中成了她父母的帮凶扼杀了她追求自己爱情的自由。所以我不再跟着她了。

只是我也发现，过去每个月都要买新衣服的康炜彤许久都没有买新衣服了。按她的家庭条件，如果不出现大的变故，根本就不会这样。

我忽然想起上次韩楚天说了一半的话,便逼问他没说出口的那一半到底是什么。

韩楚天极其不喜欢说别人八卦,被我软磨硬泡才告诉我:"邹朗喜欢花女孩子的钱,虽然每次都是女生心甘情愿的,我们觉得他在吃软饭。"

难怪!康炜彤最近连好一点的饭菜都不舍得买。我立刻火冒三丈,撸袖子想去找邹朗算账。

"你凭什么去管人家啊,人家又不花你的钱,而且一个愿打一个愿挨。"韩楚天拦腰把张牙舞爪的我抱住,哭笑不得。

也是,只能好好劝康炜彤了。我瞬间泄了气。

5

在宿舍里坐立不安等到快熄灯时,康炜彤才急匆匆回来。

我不顾她挣扎把她拖到走廊上,问:"你最近是不是总给邹朗买东西?"

"不要你管。"

"我的大小姐啊!难道你到现在还没有看出来,邹朗接近你是因为你家有钱啊!"见她一副油盐不进的样子,我有些急了。

"不许你这么说邹朗,他不知道多努力,他家里条件不好,下面有两个弟弟妹妹,妈妈还生病,我作为他的朋友帮一帮他怎么啦?"康炜彤激动起来,冲我嚷嚷起来。

"你帮他可以,是不是要先保证自己的生活?你看你最近都瘦了好多,为了他真的不值得。"我忍着气劝她。

"不用你多事!"她不再理我。

关心则乱,我忘了她最讨厌背后说别人坏话了。我捂着眼睛独自站在走廊里面叹息。

眼看要到暑假了,说不定康炜彤回家之后,顾修远能让她改变心意。我只能这样宽慰自己。

临近暑假,大家都开始订车票,康炜彤却一点动静也没有。我问她是不是没有钱买车票。

她得意地回答:"我要跟邹朗去远足,不回家了。"

"去哪儿?"

"不告诉你,省得你告诉顾修远来破坏我的好事。而且,邹朗说了,一切费用他出,我只要安心跟着他就好了。不像有些人说的,他只会占便宜。"

"到了荒郊野外,他要是变成狼,你怎么办?"

"你太龌龊了,总用最坏的心去看我们纯洁的感情。"

我无语凝噎,我的一片真心,被她这个傻姑娘当作驴肝肺踩在地上嘎吱作响。

顾修远听我说了这件事之后,反应很奇怪。他在电话那头不发一言,安静到让我以为他已经气得挂了电话。

"喂,你不会真的跟她分手吧?我看得出你对她是真心的。"我急了,出声问他。

"不,我只是觉得,或许是我太心急了才逼得她这么逆反。现在让她随心所欲地疯一疯发泄一下也好。"顾修远终于出声,却说了这些。

挂了电话,我有些呆愣,万万没想到,到最后,竟然就我一个局外人这么着急。

6

我和韩楚天在学校多留了几天,因为我总有一种不好的预感。在一个闷热的夜里,独自一人在宿舍熟睡的我被电话声惊醒。这个电话是邹朗打来的。他的声音略嘶哑,显得很慌张:"我只认识你这一个康炜彤的朋友,所以只能打给你了。我和康炜彤在山上走散了,我下山的时候又迷了路,现在才找到电话打给你。"

我的心猛地一跳:"你别慌,慢慢说。"其实我很想大骂他一通,但是我知道现在最重要的是问清楚情况,好去救康炜彤。

他显然是吓坏了,语无伦次。我十分费力地从他破碎的言语中拼凑出了事情的经过。他早上带着康炜彤去爬山,路上遇见了狼,两个人一慌,就跑散了。

我问清楚了地址,让他报警后在原地等我。

挂了邹朗电话给韩楚天打电话的时候,我明显感觉到自己的手指在抖。

韩楚天二话没说,立刻收拾了几件衣服,领着六神无主的我在黎明时分跳上了出租车,直奔目的地。

中午,我们才到了邹朗说的山脚。顾修远竟然也来了。

韩楚天说，是他给顾修远打的电话。至于他为什么会知道顾修远的电话，我也没有心思追问了。顾修远说他是借了一部车，连夜开过来的。

顾修远脸色很不好，跟我握手的时候，手冷得吓了我一跳。

"没事，那丫头虽然傻，但是命大。"我在安慰他，也在安慰自己。

"我不敢往后想，我们赶紧上山吧。"他点头，皱眉。

邹朗抱着头，缩成一团，坐在小卖部门口。这时警察也来了，我们跟着上山一起去找康炜彤。

顾修远路过邹朗时，认真盯了他一会儿。我知道他在内心斗争到底要不要现在就狠狠打他几拳。最后顾修远还是攥着拳头走了。邹朗说他站不起来，不能一起去。我回头看了一眼像一摊烂泥一样的邹朗，从内心里觉得鄙视和厌恶。

快到黄昏时，才在一个小陡坡下找到康炜彤。

顾修远立刻跳了下去，把康炜彤抱在怀里。康炜彤号啕大哭，哭得一把眼泪一把鼻涕。她头发凌乱，衣服都刮破了，还崴了脚。我准备了一路要骂她的话，现在却红了眼一句也说不出口了。

顾修远背着康炜彤下山。一路上他一直沉默。我跟其他人故意让他们先走，跟他们隔得远远的。

康炜彤吸着鼻子说："我错了，你别生气，别不说话，我好害怕。"

"你还知道怕？刺激吧？跟一个不了解的男人来这种荒郊野外，他把你杀了都没人知道。"顾修远终于说话了，而且说得咬牙切齿。

"我没想到他会带我来这种地方,更没有想到,看见一只野狗他就吓得抛下了我自己跑了。"

我远远听见忍不住叹气,我是该哭还是该笑呢?

其他人大概跟我想法一样。

康炜彤又开始哭,哼哼哼地听得我脑门都要爆了。

"你没事就好,以后就给我安分点吧。其实我也有错,本想让你在我能控制的范围内自由活动几年,没想到你一疯就跑得有点远了。"顾修远叹了口气。

"还是你管着我好。"康炜彤终于止住了哭。

"好好学习,毕业就嫁给我。"

"嗯。"

我在他们身后激动得一下捏住了韩楚天的胳膊。韩楚天倒吸了一口气:"别太激动,要结婚也是他们。"

7

后来我们才知道,邹朗根本就没有去远足过,所以他才会把野狗误认成了狼,才会轻易在山里迷了路。那小麦色的皮肤是因为他每年回家都要做农活才被晒成那样的。家里有个生病的母亲之类的话,也是骗人的。之所以编那些谎话骗人,是他害怕别人瞧不起自己。

邹朗还说,他原本没想过要把康炜彤陷于危险之中,只是听说在野外女孩子一害怕就会容易爱上男人。其实,他还是有几分喜欢康炜彤的。

我听他说着差点笑出声,但是为了避免康炜彤恼羞成怒,我只能憋着。

顾修远说还好康炜彤只扭伤了脚,他就不计较了。以后邹朗要是再敢来找康炜彤,他就用手术刀把邹朗庖丁解牛。他说这话时脸色阴森,让我们所有人都不由自主打了一个寒战。

邹朗吓得脸色越发难看,拼命点头。

我低声对康炜彤说:"笨蛋,以后稍微长点心吧,再不老实,我也保不住你。"

"嗯,知道了。"康炜彤连点着头。

读研究生的时候,我家里出了点事情,母亲疲于应付,两个月都没有给我寄生活费了。那时真是我人生最窘迫的时候,韩楚天刚工作,我不好意思让他用父母的钱接济我,于是只能瞒着他出去打工。

可是,打工也不能马上就有钱,明天就要没钱吃饭了,我真是彻底发了愁。

我收到了一封信,是康炜彤寄过来的,里面装了一些钱。

她在信上说:"大学里没有让你少操心,你别嫌弃我。虽然你没有跟我说,但是我还是知道了你家里发生的事,这点钱,希望能帮你渡过难关。我的好姐妹,你一定要挺过去。"

"傻姑娘,我怎么会嫌弃你呢?你的情谊我知道了。"我把钱捂在胸口,红了眼。

毕业后,康炜彤和顾修远两个按照最开始画好的轨迹,顺利毕业,在家乡的小城找了个工作,然后结婚了。

虽然她常打电话向我抱怨顾修远,其实在我听来他们过得无比欢乐。

比如,康炜彤比较粗心,洗衣服的时候,顾修远的一双袜子常常会不见了一只。长此以往,顾修远的衣橱里几乎找不到一对成双的袜子。从此顾修远买袜子都是一模一样的买一打,这样,即使康炜彤丢二十二次,他都还有袜子穿。

比如,康炜彤第一次煮饭忘了加水,顾修远吃完后说:"嗯,爆米花很香,就是可惜了那个新电饭煲。"

康炜彤心甘情愿为顾修远洗手做羹汤,想来一定也很爱他。只是当年她还没开窍,所以闹出了许多乌龙。

同学聚会的时候,除了韩楚天一晚上几个电话的骚扰我之外,就是顾修远最烦人了。

康炜彤刚跟我抱怨自从生了个女儿后,顾修远最爱的女人就不再是她了,顾修远就打电话来说康炜彤不接他电话,让我盯紧康炜彤,不要喝太多做出什么危险的事情来。

我敷衍着挂了,然后带着醉意点了一下康炜彤的额头:"你这个笨蛋,有人替你遮风挡雨,你还嫌别人烦。现在觉得这种平淡的日子其实最幸福吧?"

"那是,我现在才觉得,其实吧,白开水细细品味还是有甜味的。再说白开水离不了,红酒咖啡却不能顿顿喝,刺激只是一时,平淡却是一世。我现在很幸福。"

愿你想要的都拥有，得不到的都释怀

1

当我拿着重重的行李在广州南站走下高铁时还真担心江灏不来接我。江灏是大我一级的学长，去年毕业来到这个别名叫花城的城市工作。我暗恋了他足足四年，从我在迎新会上见到他第一眼开始。

热浪从敞开的大门扑面而来，提醒着我这里是亚热带地区，即便现在才六月，就已经酷热难耐。

江灏在出口踮着脚朝我招手，大声地叫我的名字："李诗！"这里的阳光果然是热烈，一年不见，他黑了许多，一笑露出两排整齐的牙齿，仿佛黑人牙膏广告上的男主角。

我笑了一声："真好，我的决定果然没错，能看见他一切都是值得的。"

一个月前收到江灏的短信时,我还以为自己在做梦。短信上说,听说我还没有找到工作,所以他邀请我来他所在的城市做客,我可以求职旅游两不误。用他的话说,这是个火辣辣的、香气扑鼻、底蕴浓厚的地方。我一口答应下来,整理行李飞奔而来。

我之所以吃惊,是因为他毕业后就再没有跟我联系,我以为他早已经把我忘了。他在学校时,我给他介绍过十几个女朋友。那时的我心情极其复杂。既害怕他会真的看上其中一个,又害怕我不给他介绍,便没有借口一天三次去找他。

在地铁上,每到一个站,江灏便给我介绍这个站附近的景点和特色美食。我听得心花怒放。这个城市还有一个特点吸引我,它既有岭南特色古建筑又有国际大都市的现代建筑。对于学建筑学的我来说,这里简直就是一个巨大的展览馆。

安顿好了之后,江灏问我:"明天周末,我正好有空,你最喜欢哪个景点?我们明天首先就冲着它去。"

"我就是冲你来的。"这句话在我嘴边转了半天,最后还是没有说出口。我笑了笑:"你带我去哪儿,我就去哪儿。"

Z

江灏带着我足足逛了一天。我们去了陈家祠,去了海心沙和广州塔。我第一次这么长时间跟他在一起,兴奋得很,又害怕自己总盯着他会露馅,只能尽量把眼睛投向那些让人炫目的美景和满城的各色鲜艳花朵。

他手里捧着相机就没有休息过,一直在拍。我知道学建筑的都有这个爱好,喜欢到处拍照为自己的设计寻找灵感和素材。但是他总这样把镜头对准我,会让我有一种错觉:他把我当女朋友一样,想把我留在镜头里。

我望着珠江上迷离的晚霞,装作若无其事地问:"你的女朋友呢?毕业都一年了,该找到人结婚了吧。"他笑了笑,把镜头对准夕阳,说:"没房没车,什么都给不了别人,哪有资格谈结婚。"

他还没有找女朋友!我快高兴疯了,却努力克制,郑重其事地说:"江灏先生,你这种观念要不得。听说这是个务实的城市,这里的女孩更注重男人的才华和内在。"

他冷笑了一声:"我带你去一个地方。"

他把我带到了城市最繁华的商场。这里即便是到了半夜还灯火通明,各种肤色的人川流不息。我张大了嘴,惊讶地看着玻璃橱柜里商品上的价码牌。大多数东西,普通人一年不吃不喝都买不起。出入这里一掷千金的漂亮女人身边都跟着一个穿着考究的成熟男人。

他淡淡地说:"我忘了告诉你,这里还有纸醉金迷和高得令人咋舌的房价。"

我沉默了。是的,他说他给不了女孩房子和车子,其实,我也给不了他任何帮助。他说过他想成立自己的工作室,现在有了人脉,有了资历,只差投资。

昨天和今天他所做的一切对我来说是莫大的鼓励，让我几乎要将自己埋藏了多年的心思说出来。现在，我决定还是让它继续埋在心底吧。

他将我送到宾馆楼下时，一辆漂亮的跑车在等着我们。那热情的红色在明亮的路灯下很是刺眼。

一个女孩从车里快步走了出来，娇嗔地对江灏说："你怎么死活就是不肯告诉我你在哪里？还好我记得你几天前在这里预订了房间。"不等他回答，她便转向我，脸上笑嘻嘻，眼神却明显带着敌意和傲慢："我叫韩雪，你就是灏的小师妹吧？"

她手上的包包我认得，刚才在橱窗里就有，还是最贵的那个。

这两天一直有人给江灏打电话，江灏总是无奈地低声说几句就挂断了。原来是她。

韩雪伸手搂过江灏的胳膊，幸福地说："江灏有没有告诉你。其实我一个月前向他求婚了。只要他跟我结婚，我就立刻帮他成立一个大的设计公司。可是他却说要考虑一个月。"

我的心凉了半截，嘴上却数落江灏："师兄你真是，这可是天上掉馅饼的好事，有什么可犹豫的？你的才华有了韩雪的帮助能让你很快成为名扬四海的著名设计师。到时候不要忘了我哦。"

他深深地看着我，一言不发。

我红了眼，低下头了，匆忙告别，逃跑一样地上了楼。

3

我有一个近乎于花痴的梦想：有一天，我能像电视剧里民国的西关小姐一样，穿着漂亮的旗袍，坐在小洋楼前仪态万方地剥荔枝。在大学有一次帮江灏做模型的时候，我曾跟他说过。他那时候笑得前俯后仰，说我TVB的港剧看多了，还弄得我差点恼羞成怒。没想到他一直记在心里。

在我完成了他为我安排的面试之后，他说带我去圆梦。他买了早熟的荔枝，租了漂亮的旗袍，让影楼替我化了妆，他自己还特意穿了中山装。

在民国时期旧领事馆西式建筑的走廊下，我们一边赏景一边吃荔枝。路过的人有些在笑我们这两个大疯子，这么热的天还包得这么厚实坐在外面。也有人拍照，不过都是些唯恐见不到奇怪中国人的外国游客。

他问我："你老早就说想来这个城市，这里到底有什么吸引你？"

我看着自己手里莹白如雪甘甜多汁的荔枝肉，有些心酸。可惜我不能告诉你，完全是因为你。

我将手里的荔枝塞到嘴里，大声说："因为一年四季都有花，还有很多别处见不着的稀奇古怪的热带水果。"我并没有撒谎，几年前我跟他说想来这里的时候，原因确实是这个，只是后来改变了初衷。

他失笑："就为这个？"然后故作哀伤地低声叹息，"哎，那我不是亏大了。当年总听见你说这里好，我一时好奇，便选择了这里。谁知道你是因为这个。"

我笑了："你后悔了？"

他摇了摇头："这里离香港最近，能接触到外面的世界。我知道了过去的我有多肤浅，还知道了我自己想要什么。"

我嘴里苦苦的，他在这里发现他要的，抛下过去。我却越陷越深。

都说对于暗恋的人最好不要见，距离能产生美。可惜，一年后，我在这个遥远的城市与他相处了这些日子，不但没有因为更了解他而幻灭，反而让我发现他在我心中更重要了。

如果说年少时我喜欢他是因为盲目崇拜和执着，如今却是因为他变得成熟，我发现了很多他身上更值得我爱的地方。同样的城市，却让我们有了不同的变化。

我知道，自己终究是要离开的。虽然我不顾好友劝阻任性地拿着所有行李到这里，好像打算在这里长住下去一样。但是我比谁都明白，这一趟，不过是在我沉寂于平静生活前最后的梦。

可现实是，有了韩雪，他会很快有个富裕温馨的家，有他所梦想的事业。而我留在这里，人生地不熟，看着他，我也无法再爱上别人，只能注定孤单下去。

其实来这里之前，家里早为我安排了稳定的工作，只是我一直拖着迟迟不肯签。回家，除了有父母等着，还有不错的相亲对象。他们都在等我回去按照早定好了的人生轨迹生活。

江灏的生活，也要理智地按照他的目标走下去，我不能成为他人生中的错误。所以我决定什么都不告诉他。

回去时，这个城市的宽容性又一次让我惊喜。的士司机见我们穿得怪异，不但没有拒绝搭载我们，还一路打趣我们："拍结婚照吗？自己创意啊？年轻人真好，有情饮水饱。以后老了你就知道，有人肯陪着你疯就是最难得的。"他夹杂着粤语的普通话不标准，但是我还是听清楚了。我红了脸，却装傻没有辩解。

晚上告别时，我笑嘻嘻地说："为了感谢你圆了我的梦，我能不能抱你一下。"

他嗤笑了一声："那是感谢吗？那分明是揩油。你知不知道就为了陪你发疯，我都快捂出一身痱子了。"

我扑上去抱住他的脖子说："谢谢。"是的，谢谢你圆了我的梦。不但是今天，在这里和你的一切都是我的美梦。

4

临走那一天，江灏说他忙，没空送我，所以我一个人到了南站。也是，结婚的话，有太多东西要准备。是我不知深浅，打搅了这么多天。我还是有些失望。其实我也明白，这样最好。因为，我只要看见他，就会用苍翠的白云山，精美的点心和别具风情的骑楼做借口留下来继续浪费我们两个人的时间。

在我准备进验票闸口时，有人拉住了我的手。回头，看见的是江灏那因为跑得太急而满是汗水的脸。

我快哭出来，却强忍着，粲然一笑："还算你有良心，知道来送送我。"

他微微喘着说："我不是来送你的。"

我暗自苦笑了一声，他对我从来都是这么直接，连安慰都不会给。

他伸手摸了一下我的头发，接着说："我是来留住你的。"

我惊讶地失笑："你请我吃叉烧还没有请够？"

他站定，一本正经地说："若是我要你陪我吃一辈子，你愿意吗？"

我愣在那里，不能确定自己是不是会错了他的意，所以不敢回答。

江灏拿出一张纸说："领导早上才批下来的。我就是等着拿这个，才来晚了。"

我低头看着那张纸，是前两天面试的那家单位的录取通知单。

江灏伸手小心翼翼地试探着搂着我："我知道你喜欢我很多年了。其实这些年我为了能常见到你，才肯耐心应付那些你介绍给我的各式女孩子。我一直不敢面对自己的心，也不能确定我是不是真的喜欢你。直到那天韩雪向我求婚，我第一个想到的就是你，便立刻给你发短信叫你来这里。昨晚上，你穿着旗袍笑的样子一直在我脑海里面转。若是别人要我做这些我一定当她是疯子。可是只要是你，我就愿意陪你做任何疯狂的事情。我明白了，我爱你，什么也不能交换。"

我瘪着嘴要哭出来了，心中有些生气："你不是说你什么也没有,不敢喜欢任何女孩子吗?韩雪不是能给你一切吗?现在我已经决定放下你了,你却忽然跑来跟我说这些,要我怎么办?"

江灏忽然退了一步,张开手说:"你有她不能给我却更珍贵的东西。我想了一夜。现在我是一无所有。我只能送你一城的繁花似锦。"他上前拉着我的手说,"但是,以后我们什么都会有的。和所有那些怀揣着梦想来这里的年轻人一样。我们会有属于自己的小房子,会有可爱的小宝宝。"

我破涕为笑:"你好大的口气,这一城的花都是你的?"

江灏大笑,抱着我的腰将我一把举起来,说:"当然,花香和美景是不要钱的。我要是在这么多人的地方第一次吻你,你会不会生气?"还不等我回答,他就放下我,低头吻了下来。夏日的风带来满城的花香将我们围绕,令人沉醉……

爱如小面，
五味俱全

1

我对小面的热爱，是因为它鲜香麻辣酸五味俱全。对于一个穷学生来说，在冬日里，没有什么比小面更好的东西。那一绺筋道柔滑的面条，泡在热情的红色汤汁之中，再撒上一把葱花和花生米。摆在面前，麻辣香味扑鼻而来，让人看着都食欲大增。更重要的是热气腾腾，一两块钱便能填饱肚子。

自从到这个石阶多过马路的山城上大学之后，我便成了后门那一对胖胖的老夫妻开的面店的常客。每天我都会比别人早起一个小时，趁着大家都还没起来，静静地一边看书一边享受香气扑鼻的面条。

因为去得早，所以通常只有我一人。我会挑角落里的座位,在小店逐渐热闹时又悄悄离开。

可是今天,我发现我的位置被一个不识趣的家伙占了。虽然那里没有写"苏清专座"这几个字,人人都能坐,但是我的心里还是小小地不愉快起来。

我气呼呼地坐在他对面,粗声粗气地叫道:"老板,一大碗面。"如同在顶级餐馆里点一整条蓝鳍金枪鱼一样豪气干云。

我一边恶狠狠地瞪着他,一边愤愤地吃着我的面。

他看上去家境不好。破旧的球鞋,洗得发白的外套。

在我的注目礼之下,专注于背单词的他终于注意到了我。他抬起头来,显露在微薄晨光中的是一张很好看的脸,眼睛深邃而明亮。

我只呆愣了片刻,便想起自己要拿出气势来让他再也不敢坐我的位置。于是,我摆出自认为最冷酷的样子眯眼盯着他。

他红了脸,匆匆付钱走了。

我带着小小得意,立刻搬到我的宝座上重新坐下,神清气爽地准备接着吃我的早餐,却发现自己刚才光顾着看他,筷子掉了都没有发现。

老板娘来收碗,笑嘻嘻地说:"你们两个是我见过最勤奋的学生。"

我茫然地问:"谁?"

老板娘指着匆匆而去的他说:"你和他啊。每天一开张他就来了,比你还早半小时,也坐在你坐的这个位置上,吃三两小面就走。今天要不是你早到了,你们还碰不上。"

我惊讶得张大了嘴:"原来不是他占了我的座,是我来早了。"

老板娘叹息:"这孩子不容易啊,一看就是家境不好。一天三顿都到我这里吃小面。每次都挑人少的时候来,可能是怕被同学看见。今天不知道怎么,没吃完就走了。"

我盯着那还剩了一半的面碗,心里很内疚:"我刚才那带着几分藐视的眼神一定让他很不舒服。他也一定没有吃饱。"

2

一连好几天,我提前半小时起来在面店门口等他,却都失望而归。可惜我连他的姓名都不知道,无从找起。

在我放弃寻找他的时候,却在迎新的篮球比赛上又看见他。他在球场上飞扬跳跃,像是天空中的骄阳一般耀眼。我心里满是久别重逢的喜悦。

室友在我耳边低声嘲笑:"小魔女,都说你只会死读书,原来你只是没遇见对的人。楚彦是很帅,你也不要这么死盯着人家。矜持一点。"

我不理会她的打趣,等球赛一完,立刻冲了上去,对着他大声说:"我请你吃面。"

在众人错愕的眼神中,他红了脸,把我拉到一旁,低声说:"你要干什么?"

我笑嘻嘻地说:"你打得真好,我想请你吃小面。"

我们之间的恋情就这样开始了。小面店成了我们一天约会的开始和结束点。

每次吃面的时候,我都叫三两面条,然后要老板加个茶叶蛋。才吃一口,我便会借口说我吃不了,然后把鸡蛋和大半面条拨到他的碗里。

他嗔怪我浪费,吃不完却点那么多。我只能改成二两加鸡蛋,然后依旧给他一大半。最后常常是我没吃饱,自己回来再啃面包。

他对于我的"浪费"终于不再出声,只是低头默默地将碗里的汤都喝得一滴不剩,最后对老板娘说:"老板娘手艺真好。"

我曾像所有女人那样傻傻追问他:"你喜欢我什么?"

他揉着我的头发说:"没有哪个女孩子如你一般喜欢陪我吃小面。"

我心里满是甜蜜。

3

第二年校篮球赛,他上场前,我把一双新篮球鞋放在他面前。那双鞋,每次我们路过橱窗时,他都会忍不住停下脚步,悄悄瞟上几眼。

旧的那双,前几天我骗他说拿走帮他洗,其实早已经悄悄扔了。

他盯着那双鞋很久,最后一言不发地穿上了它。

那场球他格外卖力。

拿了冠军后,他用奖金给我买了第一枝玫瑰花。我高兴地把那枝花插在宿舍里,花瓣全部掉光了也不舍得扔。

他成了篮球队长,注意他的人越来越多。我听到了一些不好的低语。有人说,出众的他能甘于平凡的我,是因为我的家境好,我愿意倒贴他。言外之意,他有吃软饭的嫌疑。

他虽然嘴上不说什么,但是我们在一起时,他日益沉默。吃饭的时候他坚持要付账,也再不接受我给他的任何东西。

母亲从我的发小那里得知了我苦心隐瞒的恋情。她委婉地对我说,希望我能找一个家境好一些的男朋友。至少,以后结婚,不用靠岳父岳母。

我也明白,用父母的辛苦钱贴补我喜欢的人对父母来说不公平。不管我有多喜欢,对他们来说,他始终是外人。

在大二放暑假前的最后一个晚上,我平静地说:"我们分手吧。"

我永远都记得那一夜梧桐树下斑驳的月光和他错愕悲愤的脸。

他追问我:"为什么?我不在乎那些流言。"

我笑了笑:"可是我在乎。我的父母也在乎。我累了,我过惯了优越的生活,不可能陪你穷下去。在我们还没有为柴米油盐争吵之前,早点结束这种没有结果的恋情,对你我都好。你，不要再纠缠我。"说完我转身就走，不敢停留。他眼里浓浓的哀伤和月色一样让我想哭。

他在我身后咬牙切齿地说："苏清，你真是目光短浅。没错，我家境贫困。可是我们已经在一起两年了。你只要再多等两年，我就大学毕业了。以我的能力，一定能让你过上好日子。我们还这么年轻，你连两年都等不起吗？"

我不敢回头："一个女孩子能有几个四年？你如何能保证你以后能让我过上好日子？毕业后还要靠父母援助的人多了去了。更何况，你连可以向你提供帮助的父母都没有。难道要让我的父母贴补我一辈子吗？"

他不再出声，我就这样消失在他的视线里。

4

开学后他曾倔强地在我宿舍楼下等过我，给我打过电话。我都绝情地没有理会。就连后门的面店我都不再光顾。一个月后他终于放弃了。

听说他没有再找女朋友，而是疯狂地学习，疯狂地打球。

我也试图接受别的男孩子的约会邀请。也许是因为我有势利和喜新厌旧的名声，也许是因为我在学习上花了太多时间，冷落了他们，反正最后都不了了之。

室友都笑我如今除了奖学金，什么都没有兴趣。她们说我越来越抠门，挣了奖学金连请她们吃饭都不舍得。

我也曾断断续续听到关于他的消息。据说他也常拿奖学金，比别人都多。据说他还每天去那个面馆吃小面。据说他毕业时第一个签到了单位，单位给他的待遇让人艳羡。

我到最后关头才签了个马马虎虎的单位。

他忽然来找我。我曾无数次躲在远处悄悄地看他，如此近距离地看着他却是两年后第一次。我忍着酸痛的眼睛：明天就要走了，也许这是此生见他的最后一面。

他只说："我请你吃小面。"也不等我答应或者拒绝转身就走。

我跟在他身后贪婪地看着落日余晖下他修长的背影。我曾笑嘻嘻地赖在他背上，不肯走要他背我回来。那里的温暖宽厚是我最眷恋的地方。

在后门的面店，他给我们两个各叫了三两小面，然后从我碗里弄走了一大半。我小声抗议："我现在吃很多，我吃得完。"他却没有理会我。

我们相对无言默默吃完。他对老板说："明天我就要去单位报到了。谢谢您这四年的照顾。"

我忽然很想哭。

他却已经付钱拉着我走了。

我死命甩手，想要挣脱他。他却不松手。

回到宿舍楼下，他说："我们分手后，我恨过你。我曾想，等我有一天有钱了，一定要让你后悔。可是现在我不这么想了。我们和好吧。我毁约了，改签了跟你同一个城市的单位。明天的火车票也跟你买了同一趟。既然这么巧，不在一起太浪费了。"

5

我们又在一起了。对于他为什么会忽然放弃那么优渥的待遇,改签现在的单位,他始终没有解释过。

毕业之后,我的事业一直平平淡淡。他却一帆风顺,大概是因为他特别努力,老总很器重他,薪水也节节高攀。

他对我很好。好像我对他从来不曾说过那些狠心的话一样。

而我总是惴惴的,害怕我被他举得高高的之后再摔下来。所以他向我求婚的时候,我不敢答应。

他握着我的手说:"我答应过你要给你好日子。"

结婚后,他自己开了个小公司,我们从小房子搬到了大房子。他越来越忙,很少回来,身边的女人却越来越多。是啊,年轻英俊多金,却站在我这个平凡的女人身边,多少会有些招惹苍蝇。

一天,一个美女找上门,说我老了配不上他了。他心里爱的是她。她还拿出他给她买的高档包和怀孕诊断单。

她走后,我笑了,心里满是酸苦:"是啊,相对 20 岁的鲜花来说,我这个 28 岁的女人确实老了。如今他山珍海味都腻味,小面已经太寒碜了。"

那一天他深夜才回来。

我在客厅里面等他,对他说:"我们离婚吧。"

他疲惫而惊讶地问:"为什么?"

我说:"你今天的一切是你努力的结果,我没有帮什么忙,所以不敢独占你。最重要的是,你现在并不爱我了。"

他沉默了许久才说:"没有挽回的余地吗?"

我含着眼泪,倔强地说:"没有。"

他点头说:"好。在这之前,你能不能陪我再去吃一次小面。"

6

这是我们吃过最昂贵的小面。我们坐最早一班飞机回那个记忆中的小城,找到依旧破烂却宾客盈门的小店。

他点了两碗小面,依旧从我这里扒拉走了一大半,然后脱下自己的高档西装,吃得很香。

他鼻子上渗出细细的汗珠,跟多年前一样。

吃完之后,他忽然说:"跟你分手后,我每次来这里吃面老板都不肯收我的钱。他说我要争气好好努力,以后有钱了再还给他。"

我望着他不出声。

他伸手给我擦掉嘴角上的污渍,又接着说:"系主任每次都会多给我一笔奖学金。他说是一个企业家资助的。只有一个名额,所以要保密。"

我低下头。

从未在我面前流泪示弱过的他忽然红了眼,哽咽:"毕业前几天,系主任和面店老板让我好好珍惜你。你让他们把你的奖学金用这种方法给我还不准他们告诉我。我真笨,怎么早没有想到。所以我毕业前换了单位。"

我瘪着嘴说:"原来你知道了。"

他靠近:"我真的爱你,不是为了报恩和还债,所以现在才对你说这些。对不起,最近是我冷落了你,差点让别有用心的女人钻了空子。"

我转头不理他。他说:"那女人最近为公司签了一个大单。公司奖了她一笔奖金,谁知道她买了包却到处说是我买给她的。怀孕的事情也是她编的。我从没有背叛过你。"

他搂紧我在我耳边说:"我的最爱还是小面。现在是,以后依旧是。"

我赌气说:"小面有什么好?"

他摇着头:"小面就像爱情又像人生,看起来简单,却五味俱全。我第一次吃小面时被浓烈的麻辣味呛得眼泪直流,就像我第一次见到你被你花痴的样子吓得面都没吃完就走了。"

我红着脸大叫:"我哪有花痴?"

他忍着笑说:"你盯着我眼睛都不眨,连筷子掉了都不知道。以后我每次想起那个画面就忍不住想笑。谢谢你给我的一切,我们不要再因为这些事分开好吗?"

我也笑:"好,你不许再笑我花痴。"

他点头笑了,牵着我在晨光中走远。

图书在版编目（CIP）数据

不管你来不来，我都不会等 / 文屹著 . — 北京：人民日报
出版社，2016.10
ISBN 978-7-5115-4136-9

Ⅰ . ①不… Ⅱ . ①文… Ⅲ . ①女性－爱情－通俗读物
Ⅳ . ① C913.1-49

中国版本图书馆 CIP 数据核字（2016）第 227639 号

书　　名：	不管你来不来，我都不会等
作　　者：	文　屹
出 版 人：	董　伟
责任编辑：	程文静
封面设计：	繁体字设计工作室
出版发行：	人民日报 出版社
社　　址：	北京金台西路 2 号
邮政编码：	100733
发行热线：	（010）65369509　65369527　65369846　65363528
邮购热线：	（010）65369530　65363527
编辑热线：	（010）65363530
网　　址：	www.peopledailypress.com
经　　销：	新华书店
印　　刷：	北京鑫瑞兴印刷有限公司
开　　本：	880mm×1230mm　1/32
字　　数：	150 千字
印　　张：	7.5
印　　次：	2017 年 9 月第 1 版　2017 年 9 月第 1 次印刷
书　　号：	ISBN 978-7-5115-4136-9
定　　价：	39.80 元